Annemarieke Piers et Claudette Halkes

Recettes et savoir-faire retrouvés

EYROLLES

PRÉFACE

Survivriez-vous sur une île déserte ? Pourriez-vous tuer une poule ? Savez-vous tout ce qu'on peut faire avec de la laine de mouton ? Ou du lait de chèvre ? Seriez-vous capable de produire votre propre fromage ? De presser de l'huile ? De faire du beurre ? Non ? Il y a peu de temps encore, nous non plus. Et puis à un moment, on s'est trouvées un peu bêtes. Sans trop y réfléchir, nous avons acheté un tas de trucs au magasin du coin. Mais comment fait-on germer une graine ? Et combien de temps faut-il pour broyer des graines et en faire de la farine ? Aucune idée. À bien y penser, c'est quand même dingue. Vous vous entourez de trucs dont vous ne connaissez pas l'origine, et vous n'avez aucune idée de ce qui a pu se passer avant qu'ils ne se retrouvent sous votre toit ou au fond de votre estomac.

Ça nous a fait réfléchir. Ne devrait-on pas essayer de faire plus de choses nous-mêmes ? Nous avons songé à l'un de nos premiers livres, « Fred en Wilma in de Vinexwijk »[1], dans lequel nous appelions nos lecteurs à vivre en autosuffisance, ainsi que « Zelfingemaakt »[2] et « Zelfgeboerd »[3], dans lesquels nous les incitions à exploiter tout le potentiel de leur jardin pour concocter plein de bonnes choses. Nous connaissions donc déjà le bonheur de cuire sa propre confiture ou de faire sa propre eau-de-vie. Alors, pourquoi ne pas faire notre propre fromage ? Nous n'étions pas peu fières quand nous avons goûté le premier morceau ! Pas parce qu'il était particulièrement bon, mais parce qu'au moins, il avait un goût de fromage. Fabrication 100 % artisanale !

---

1. NdT : *Fred et Wilma en banlieue*
2. NdT : *Les conserves*
3. NdT : *L'agriculture*

Alors, nous sommes parties à la découverte des savoir-faire d'antan : faire des saucisses, presser de l'huile, filer de la laine. Il y a tant de choses que l'on peut faire soi-même. Et on peut même y prendre énormément de plaisir ! Et en plus, plus vous fabriquerez des choses vous-même, plus vous apprécierez celles que vous achetez dans le commerce. Votre vie s'en trouvera plus riche et plus heureuse. Alors c'est parti, au boulot ! Avec un peu de patience, les bons outils et les bonnes explications, vous pourrez bientôt déguster votre propre vin accompagné d'un saucisson fait maison en portant le pull-over que vous avez tricoté. Et vous apprécierez encore plus toutes les choses que vous verrez et que vous goûterez. Bonne chance !

Annemarieke
et Claudette

> **Dans ce livre, vous trouverez toutes sortes d'astuces pour fabriquer des choses vous-même. Mais celui-ci n'est évidemment pas exhaustif. Il y a tant de choses à faire soi-même ! En revanche, il est probable que vous trouviez toutes les informations dont vous avez besoin sur Internet. Observez et apprenez !**

SOMMAIRE

3

LES ANIMAUX 71

4

L'ARTISANAT 125

REMERCIEMENTS 136

FAIRE SOI-MÊME...

Dans les festivals, de jeunes hommes à la barbe fournie font griller des saucisses tandis que des filles aux cheveux violets vendent la bière de leur microbrasserie. Sur les marchés branchés, d'anciennes traditions artisanales, comme la vannerie ou le travail des textiles, se refont une jeunesse. Des citadins qui n'avaient jamais vu une vache de leurs yeux se mettent soudainement à cultiver des légumes et à élever des poules. S'impose même le mouvement slow food, un réseau mondial de personnes qui produisent leur propre nourriture, et qui accordent plus d'importance à la qualité et à la biodiversité.

Voilà donc la réponse aux supermarchés bondés qui vendent des produits dont on ne se sait plus trop ce qu'ils contiennent. Les colorants s'imposent dans la viande hachée pour la rendre plus rouge, ou dans le fromage pour le rendre plus jaune. Sans compter tous les sucres ajoutés… jusque dans certains thés verts ! Les producteurs trafiquent la nourriture. Et si la nourriture est trafiquée, il n'y a pas de doute, vous pouvez faire mieux vous-même. Voilà comment et pourquoi de plus en plus de gens se mettent à faire pousser leur propre nourriture ou fabriquer leurs propres produits.

DE LA FOLIE !

Certes, il n'est pas si facile de produire sa propre nourriture. D'un point de vue pragmatique, il est un peu fou de vouloir faire son propre fromage alors que cela nécessite de la présure, introuvable au supermarché, ni dans un quelconque magasin bio (excepté Internet). Pour un misérable petit morceau de fromage, vous devrez travailler précisément à la bonne température et attendre une éternité et ensuite laisser mûrir pendant plusieurs semaines voire plusieurs mois.

Il y a de grandes chances que des moisissures multicolores apparaissent sur votre fromage, et vous devrez soigneusement les retirer. Et puis il en apparaîtra d'autres, et vous les couperez elles aussi. Encore et encore, jusqu'à ce qu'il ne vous reste presque plus de fromage. Voilà les embûches qui vous attendent lors de votre première production. Parfaitement ridicule, si vous songez que vous pouvez acheter un gros morceau de fromage pour quelques euros au coin de la rue. Il faudrait vraiment être dingue.

Mais non, vous n'êtes pas dingue ! Quand vous produirez votre premier fromage, quelque chose d'étrange se passera dans votre tête. Quand vous essaierez de faire chauffer un litre de lait entier à 29 °C – la température requise pour faire du fromage –, vous gagnerez en admiration pour les exploitants agricoles. Pour un fermier qui sait exactement comment, à partir d'un seau de lait frais, on peut faire du beurre, de la crème fouettée, du fromage blanc, du yaourt, du babeurre, du lactosérum, de la crème acidulée, du fromage à la crème, du fromage jeune et vieux.

Lorsque vous aurez pressé votre fromage à la main, examiné les moisissures pour en évaluer la maturation, gratté soigneusement la croûte, vous serez admiratif de l'artisan qui récure son fromage tous les jours. Et vous comprendrez mieux le fromager pragmatique qui y ajoute du colorant jaune et qui le vaporise de laque antifongique.

UN TERRAIN DE JEUX

Imaginez-vous, dans quelques semaines, goûter votre premier morceau de fromage, et découvrir avec surprise qu'il a vraiment le goût… de fromage ; votre vie en sera changée. Le rayon « produits laitiers » du supermarché deviendra un grand terrain de jeu. Que mettent les fabricants dans leurs fromages ? Vous étudierez attentivement les emballages de ceux à croûte fleurie, et avec un regard d'expert, vous examinerez un gouda. D'ailleurs, vous voudrez peut-être enfiler des gants, par respect pour ce vieux morceau affiné pendant plus d'un an. Vous oserez à peine le manger. Une fois que vous saurez fabriquer un tel produit, celui-ci prendra une tout autre valeur, même si vous pouvez l'acheter directement au supermarché. Et cela ne vaut pas que pour la production de fromage ! Faites votre propre ketchup, et une bouteille de ketchup ne sera plus jamais qu'une bouteille de ketchup. Faites donc votre propre mayonnaise, et allez admirer l'étalage de pots au supermarché.

MALBOUFFE

Vous reconsidérerez combien de nouvelles techniques de production ont été développées et parfaites ces centaines dernières années. Vous gagnerez en compréhension et en admiration pour certaines de ces innovations, fantastiques et intelligentes, vous en jugerez certaines autres pragmatiques et malsaines. Vous serez alors apte à juger les produits des autres et ferez ainsi vos courses en âme et conscience.

Alors si vous avez le temps, faites vous-même autant de choses que possible ! Si vous savez ce que vous faites, si vous utilisez les meilleurs ingrédients et que vous n'ajoutez pas de poudres bizarres dans vos produits pour les conserver plus longtemps ou pour les rendre plus sucrés, si vous effectuez tout le processus vous-même, vos produits faits maison seront meilleurs que ceux du supermarché, quoi qu'il arrive !

AU

JARDIN

AU JARDIN...

C'est presque de la magie : un jour, vous semez une petite graine, et quelques mois plus tard, vous dégustez une soupe à la citrouille. Vous plantez un petit pommier, et dès le mois de septembre, vous faites votre propre jus de pomme. Voilà donc comment bien produire dans son jardin...

PRÉPARATION DU JARDIN

VOUS LE SAVEZ PEUT-ÊTRE DÉJÀ, IL N'EST PAS NÉCESSAIRE D'AVOIR UN GRAND JARDIN POUR CULTIVER SES PROPRES FRUITS ET LÉGUMES ET LES TRANSFORMER DÉLICIEUSEMENT. UN SEUL MÈTRE CARRÉ (OU UN JARDIN VERTICAL) ET UN PEU DE RÉFLEXION PERMETTRONT DE RÉCOLTER SUFFISAMMENT DE FRUITS ET DE LÉGUMES POUR EN MANGER TOUTE L'ANNÉE.

Non seulement les légumes du jardin ont meilleur goût et sont plus sains (étant frais et sans pesticides), mais le jardinage lui-même est une activité plus saine que de faire ses courses au supermarché. De nombreuses études ont démontré que le jardinage réduisait le stress. Pour commencer, c'est une activité de plein air, et en plus, il semblerait que la couleur verte elle-même soit un facteur de relaxation. Donc ne vous inquiétez pas si votre récolte est un échec ! Si vous avez des enfants, c'est une activité très instructive. « Regarde, les fruits poussent sur une branche et pas dans une usine ! »

Autant de raisons pour envisager sérieusement d'avoir un jardin potager.

Commencez par déterminer la taille que pourrait faire votre jardin. Et puis laissez-vous aller à rêver. Que pourriez-vous récolter avec tout ça ? Des tonnes de raisin pour faire votre propre vin ? Du houblon et de l'orge pour brasser votre bière ? Des pommes et des poires pour faire de la confiture ? Des tomates et des poivrons ? Imaginez que vous êtes un fraisier : où aimeriez-vous être planté ? Que pourriez-vous faire pousser dans les coins ombragés ? Ne vous arrêtez pas au nombre de mètres carrés ; il y a plein de plantes qui poussent tout aussi bien le long d'un mur ou d'une haie. Vous pouvez également construire un jardin vertical avec des bouteilles en plastique. Les possibilités sont infinies.

S'il n'est pas besoin d'avoir la main verte pour récolter les fruits de son jardin, il peut être utile de connaître quelques bases de jardinage et principes fondamentaux. Voici donc quelques pas à pas.

SOL

Les plantes aiment pousser dans un sol de qualité. Certaines préfèrent les terrains argileux, d'autres les sols sablonneux et aérés. Dans la plupart des jardins, le sol se compose de loam, de sable ou d'argile. Chaque type de sol présente des avantages et des inconvénients ; il est donc bon de savoir de quel type de terrain vous disposez et quelles sont les plantes qui s'en accommoderaient le mieux.

TYPES DE SOL

ARGILE

Les sols argileux se reconnaissent par leur texture souple et collante. Vous pouvez en faire des boulettes, comme de l'argile de potier. C'est le plus fertile de tous les sols, mais cela ne veut pas dire qu'il est facile à travailler pour autant. L'argile retient beaucoup d'humidité. Les sols argileux ne se réchauffent pas vite au printemps, et l'argile sèche est dure et se craquelle.

SABLE

Un sol sablonneux est rugueux et peut contenir des mottes ou du gravier. Ce type de sol a besoin de beaucoup de compost pour obtenir une bonne structure. Les sols sablonneux présentent beaucoup d'avantages par rapport aux sols argileux : ils se réchauffent rapidement au printemps (ce qui est bon pour les plantes), ils sont faciles à travailler et ne retiennent pas autant l'humidité. En contrepartie, le sol sèche rapidement et les nutriments sont emportés par la pluie. Si vous plantez des légumes dans un sol sablonneux, vous devrez régulièrement les arroser et les fertiliser.

LOAM

Ce type de sol combine les propriétés du sable, du limon et de l'argile. Pour la plupart des plantes, un sol loameux est idéal, car il comporte assez de sable pour laisser passer l'air et l'eau, mais également assez d'argile pour retenir l'humidité et les nutriments.

Vous pouvez aussi enrichir votre sol en y ajoutant du compost, afin d'améliorer sa structure et sa teneur en oxygène.

LE BON TRUC !

Laissez les feuilles mortes se décomposer (sauf sur une pelouse). Achetez un bac à compost dans un magasin de jardinage et remplissez-le. Des bactéries spéciales se chargeront de transformer les feuilles en humus, un compost précieux pour tous les types de sols !

VALEUR NUTRITIVE

Plusieurs substances importantes contribuent à la valeur nutritive du sol : l'azote, le phosphore et le potassium. Si l'un de ces éléments vient à manquer, cela se voit immédiatement sur les plantes.

CARENCE EN AZOTE :
les plantes ont les feuilles qui jaunissent. C'est l'azote qui donne cette couleur verte à vos plantes.

CARENCE EN PHOSPHORE :
feuillage vert sombre avec des branches rouges et des feuilles décolorées. Le phosphore est important car il permet aux racines de bien pousser, aux plantes de résister aux maladies et de former des fruits et des feuilles.

CARENCE EN POTASSIUM :
les feuilles brunissent sur les côtés. Le potassium renforce la résistance des plantes.

ACIDITÉ

Outre la structure et la valeur nutritive, l'acidité de votre sol est importante. Certaines plantes aiment un sol acide, d'autres préfèrent un sol calcaire.

LE BON TRUC !

Pour savoir si votre sol est acide ou calcaire, emmenez-en un échantillon à votre magasin de jardinage pour le faire tester.

ENGRAIS

Il existe deux sortes d'engrais : les engrais organiques et minéraux. Les engrais minéraux sont plus nocifs pour l'environnement, mais ils produisent des résultats plus rapidement. Les engrais organiques, en revanche, améliorent la structure du sol. À long terme, ils sont meilleurs pour votre jardin et pour la planète.

GRANULÉS

Si vous ne voulez pas que votre jardin sente le purin, achetez de l'engrais en granulés. Il s'agit de granulés enrobés contenant une certaine dose de nutriments.

QUAND FERTILISER ?

Le mieux est de fertiliser au début du printemps, lorsqu'il ne risque plus de geler la journée. Vers la fin février, début mars, les racines absorbent les nutriments de façon optimale.

COMPOSTAGE

À force de désherber, de biner et de transplanter, vous accumulerez beaucoup de déchets dans votre jardin. Tous ces déchets peuvent être compostés. Le compostage est un processus de putréfaction au cours duquel des bactéries, des champignons et d'autres micro-organismes transforment les déchets biodégradables en compost. Et ce compost artisanal est une aubaine de plus pour la terre. Une fois par an, épandez une couche d'un demi-centimètre de compost sur le sol de votre jardin, et tout poussera plus vite.

Pour composter les déchets de votre jardin, faites-en une pile ou déposez-les dans un bac à compost. Le meilleur emplacement pour faire un tas de compost est le fond de votre jardin (là où l'odeur ne risque pas de vous déranger). Choisissez un coin ombragé, si possible sous un arbre. Le compost a bien besoin d'humidité, mais pas de trombes d'eau. Lorsqu'il pleut, l'arbre retient une partie de l'eau, mais en laisse passer suffisamment pour la bonne santé de votre compost. Pour accélérer un peu le processus de compostage, vous pouvez retourner le tas à la fourche tous les deux ou trois mois.

QUE FAUT-IL METTRE ET NE PAS METTRE DANS UNE PILE DE COMPOST ?
Comme règle de base, si c'est biodégradable, ça se composte. Ainsi, la plupart des matières naturelles et des restes d'origine végétale peuvent être ajoutés à votre tas de compost. Veillez seulement à ce que les déchets soient variés : matières humides et sèches, fermes et souples, grossières et fines, riches en azote (herbe, fumier, déchets de jardin) et en carbone (sciure et chutes de bois, paille, feuilles d'arbre), et si vous vous retrouvez soudainement avec une grande quantité d'un certain type de déchet, après une journée de jardinage acharné, par exemple, ne jetez pas tout d'un coup sur votre tas de compost, mais incorporez-le petit à petit.

ARROSAGE

Comme vous le savez probablement, les plantes de votre jardin ont besoin d'eau pour survivre. Si les feuilles flétrissent et que le sol est desséché, vous êtes en retard. Il n'est vraiment pas si compliqué d'arroser son jardin, et il n'y a pas grand-chose qui puisse mal se passer. Au pire, vous donnez trop d'eau à vos plantes. La quantité d'eau dont vos plantes auront besoin dépendra du climat, de la météo, du sol et de l'ensoleillement. Certaines plantes ont naturellement besoin de beaucoup d'eau. Un arrosage quotidien n'est en fait nécessaire qu'au milieu de l'été, lorsqu'il fait vraiment chaud. Arrosez tard le soir ou tôt le matin, quand la température est plus basse. Ce n'est pas tant que les feuilles risquent de brûler, mais plutôt que l'eau s'évaporera rapidement et que vous devrez arroser sans cesse.

LE BON TRUC !

Laissez votre eau chauffer au soleil au cours de la journée. Vos plantes se porteront mieux si vous les arrosez d'eau tiède ; l'eau froide déplaît aux racines.

Vous pouvez acheter des granules gélifiés et des cristaux rétenteurs d'eau qui vous permettront d'arroser vos plantes moins souvent. La tourbe de coco (un substrat spécial) et le terreau pour géranium retiennent l'eau plus longtemps que le terreau ordinaire. Déposez une bonne couche de tourbe, d'écorce ou de feuilles au sol, et l'eau s'évaporera moins rapidement.

DÉSHERBAGE ET BINAGE

Évidemment, vous voulez que les seules plantes qui poussent soient celles que vous avez semées. Vous devrez donc désherber et biner. Désherber consiste à arracher les mauvaises herbes par la racine ; biner consiste à ameublir la terre entre les plantes.

DES POTS ET DES BACS

En regardant votre balcon ou votre terrasse, vous n'imaginez sans doute pas une récolte de fruits et de légumes abondante. Mais il suffirait que vous essayiez. Car pratiquement toutes les plantes comestibles qui poussent et qui fleurissent font cela tout aussi bien dans un pot ou un bac. L'idée est simple : tapissez votre bac avec une toile, ajoutez du terreau et peut-être un peu d'engrais et semez les graines que vous aimez. Placez le bac là où les conditions sont idéales pour les plantes que vous avez semées. Ainsi, les tomates aiment passer toute la journée au soleil, mais les pommes de terre préfèrent un ensoleillement partiel, d'environ quatre à six heures par jour. Arrosez de temps en temps et attendez la récolte. C'est tout ? Oui, c'est aussi simple que ça. Le petit plus de cette méthode, c'est que vous pouvez planter plusieurs types de légumes dans un même bac. Et que c'est très joli.

FRUITS, LÉGUMES ET HERBES

Beaucoup de fruits et de légumes peuvent être cultivés dans des pots et des bacs, du moment qu'ils reçoivent une quantité appropriée de nutriments. Cela ne s'applique pas aux herbes, qui ont besoin de très peu de nutriments. Vous pouvez donc tout faire pousser, même sur une terrasse ou un balcon.

Essayez d'utiliser tout l'espace de votre jardin, de votre terrasse ou de votre balcon. Vous pouvez construire des plateformes et faire pousser des plantes grimpantes contre un mur. Vous pouvez même faire pousser des arbres fruitiers dans votre petit jardin. Il existe des arbres fruitiers spéciaux qui poussent en espalier pour prendre un minimum de place. Certains fruits, comme le raisin ou le kiwi, peuvent pousser sur un mur ou une pergola. Les fraises se portent à merveille dans un pot sur une terrasse ou un balcon, de même que les groseilles et autres baies du même genre. Un figuier ou un citronnier peut pousser en pot sans problème. Placez les pots à un endroit qui reçoit au moins six heures d'ensoleillement par jour.

ANIMAUX INDÉSIRABLES

Les escargots et les pucerons ne sont pas les meilleurs amis du jardinier. Ils semblent souvent inoffensifs, mais ils peuvent être véritablement nuisibles. Même sur le plus petit des balcons.
Le meilleur moyen d'éviter les nuisibles sur vos plantes, c'est de les placer au bon endroit. Si votre plante ne se plaît pas vraiment là où vous l'avez mise, elle sera plus susceptible aux maladies et aux parasites. L'étiquette de votre plante devrait indiquer quel est l'endroit idéal pour la faire pousser. Les animaux nuisibles sont particulièrement présents lors d'étés humides.

ESCARGOTS

Il existe bien des pesticides contre les escargots, mais ils ne sont pas bons pour l'environnement (ni pour vos enfants ou vos animaux de compagnie). Et c'est un peu triste de traiter ainsi ces paisibles créatures. La méthode la plus charitable et la plus simple pour les bannir de votre jardin consiste à y placer une soucoupe remplie d'un peu de bière : les escargots seront irrésistiblement attirés et se retrouveront piégés. Relâchez-les ailleurs et vous en avez fini. Cette méthode demande d'être persévérant, car ils reviendront.

Une autre gâterie très bon marché dont raffolent les escargots est la farine de poulet. Utilisez-la à la place de la bière, et je vous garantis que vous y trouverez les escargots le lendemain matin.

Si vous voulez vraiment préserver certaines plantes des escargots, encerclez-les de petits objets tranchants qu'ils ne voudront pas traverser, par exemple, une couche de coquilles concassées. Les magasins de jardinage vendent également des produits anti-escargots qui ne sont pas nocifs pour l'environnement ni pour les animaux de compagnie.

Plutôt que de se battre contre les escargots, le mieux est encore de faire en sorte qu'ils ne viennent pas dans votre jardin. Veillez à ce qu'il y ait un minimum de cachettes possibles, donc pas d'herbes hautes, et aussi peu de coins sombres que possible. Les escargots ont aussi une longue liste de prédateurs naturels : les oiseaux, les hérissons, les canards, les poulets, les grenouilles et les opilions.

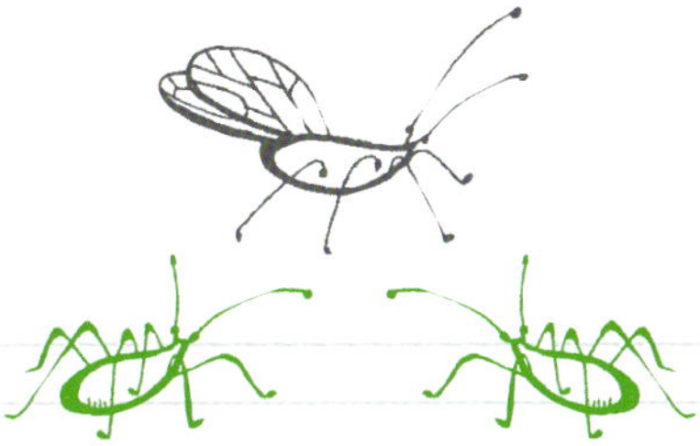

PUCERONS

Là encore, vous pouvez employer des pesticides chimiques ou biologiques, mais c'est mauvais pour l'environnement. Et en plus, ça n'est pas forcément efficace. En plus de tuer les pucerons, vous risquez de tuer d'autres animaux, comme les coccinelles. Et devinez qui est le plus grand prédateur des pucerons… Les pucerons se remettent de la première attaque chimique, et sans leur prédateur naturel, vous vous retrouvez avec une véritable infestation. À éviter, donc. Il vaut mieux attaquer les pucerons avec un tuyau d'arrosage ou un vaporisateur. Les magasins de jardinage vendent également des produits biologiques contre les pucerons.

TAUPES

Vous pouvez temporairement faire fuir les taupes avec du bruit et certaines odeurs. Par exemple, placez une carte de vœux musicale dans un couloir de votre jardin. Une carte peut jouer sa petite musique pendant au moins deux mois, ce qui rendra les taupes complètement folles. Il existe aussi des vibrateurs électriques qui repoussent les taupes, et une plante bulbeuse dont elles ont horreur de l'odeur : la fritillaire impériale. Un chiffon imbibé d'un peu d'essence peut également faire l'affaire. Ou même un moulin à vent pour enfants. Le seul inconvénient, c'est qu'une fois les ressources épuisées, les taupes reviennent. Si vous souhaitez vraiment vous débarrasser des taupes, il n'y a qu'un seul moyen efficace : creuser une tranchée de 60 cm de profondeur autour du jardin (ou de votre serre ou semis) et y placer un buisson épineux ou du grillage contre les oiseaux.

GUÊPES

Les guêpes peuvent être une vraie plaie, surtout pendant l'été. Quelques pièges à guêpes sur votre terrasse peuvent aider. Ne laissez rien de sucré à l'air libre, couvrez les fruits et débarrassez immédiatement les assiettes et les verres quand vous avez fini de manger.

FOURMIS

Ce qui vaut pour les guêpes vaut également pour les fourmis. Si vous ne laissez rien de sucré traîner sur la table de votre terrasse, vous devriez avoir moins de problèmes. La fleur de souci peut également tenir les fourmis à distance.

CHATS

En principe, les crottes de chat dans le jardin ne font de mal à personne. Dans votre potager, cependant, elles peuvent s'avérer dangereuses car certaines maladies se transmettent par ce biais… Ce n'est pas très propre dans tous les cas. La plupart des chats n'aiment pas l'odeur du citron, alors vous pouvez planter quelques citronniers là où ils viennent régulièrement faire leurs besoins. Autres astuces : attirez-les ailleurs avec des plantes qu'ils aiment particulièrement, comme l'herbe à chat (Nepeta), assurez-vous qu'il n'y a pas de terrain découvert dans votre jardin, jetez des seaux d'eau, utilisez un pistolet à eau, déposez du marc de café dans votre jardin, dispersez de la coque de cacao ou de l'huile répulsive (à acheter en pharmacie).

L'effaroucheur est un appareil permettant de tenir les hérons et les chats à distance des bassins et des mares. Il fonctionne à l'aide d'un capteur : si un chat se promène à proximité, il se fait asperger par un jet d'eau précis. Il existe également une potion magique : les répulsifs pour chats. Mais l'odeur de ces granulés est encore pire que celle de l'urine de chat. Des brochettes, plantées comme un lit de fakir, marchent toujours bien. Seulement, ce n'est pas très joli et cela peut s'avérer dangereux si des enfants jouent dans le jardin. Un filet à mailles larges tendu à même le sol peut également aider. Les plantes poussent à travers, recouvrant le filet, et les chats se tiennent à distance car ils n'aiment pas marcher dessus et ne peuvent plus gratter la terre pour recouvrir leurs méfaits. Les excréments de tigre sont une autre solution. Certes, ce n'est pas courant, mais vous pouvez en obtenir au zoo et les placer là où les chats viennent faire leurs besoins. Toutefois, tous les zoos n'ont pas d'excréments de tigre à donner au public. Même si l'odeur s'atténue au bout d'un certain temps, l'odeur franchement désagréable reste insupportable pour les chats.

ANIMAUX BÉNÉFIQUES

Outre vos animaux domestiques, bon nombre d'animaux doivent être les bienvenus dans votre jardin.

PAPILLONS

Les papillons adorent les fleurs pleines de nectar. Si vous aimez les papillons, vous pouvez personnaliser votre jardin avec des plantes dont ils raffolent. Sachez que les papillons volent uniquement lorsque le soleil brille et que la température dépasse les 15 °C.

DIX PLANTES À PAPILLONS

Arbre aux papillons	Scabieuse des champs
Thym et marjolaine	Aigremoine
Lavande	Lilas à petites feuilles
Primevère	Seringat
Aster d'automne	Hysope

HÉRISSONS

Ils sont mignons et parfaitement inoffensifs pour votre jardin. Mieux encore, ils sont d'excellents alliés dans votre lutte contre les escargots. Le mieux que vous puissiez faire, c'est de les laisser tranquilles. Ne leur donnez pas de lait, c'est mauvais pour leur estomac. En hiver, le hérisson hiberne. Il est important de le laisser dormir et de ne pas le déranger. Si vous le réveillez accidentellement, donnez-lui un peu de nourriture (pour chat par exemple) afin qu'il regagne l'énergie qu'il a perdue. Si vous trouvez un hérisson réveillé en plein hiver, amenez-le dans un refuge. La plupart du temps, les refuges pour oiseaux peuvent également les accueillir. Appelez l'ambulance animalière la plus proche pour plus d'informations.

OISEAUX

Non seulement avoir des oiseaux dans votre jardin est un véritable enchantement, mais ceux-ci sont d'une aide précieuse dans votre combat contre les nuisibles. Vous pouvez facilement attirer les oiseaux dans votre jardin en vous assurant qu'ils ont de quoi manger. Il peut s'agir d'arbustes à baies (comme le sorbier, le prunellier, le pyracantha, l'amélanchier ou le cynorhodon), mais vous pouvez aussi simplement acheter de la nourriture pour oiseaux au supermarché. Si des chats viennent également dans votre jardin, une petite plateforme ne sera pas de trop. Les oiseaux pourront l'atteindre, mais pas les chats.

En principe, il n'est pas nécessaire de nourrir les oiseaux en hiver. S'il fait si froid que tous les points d'eau ont gelé,

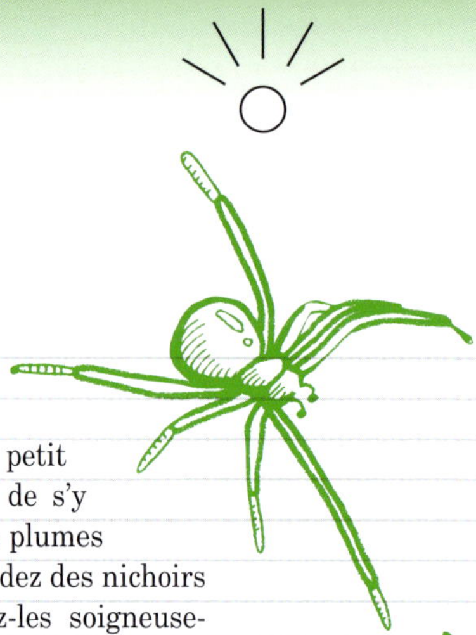

faites-leur une faveur en leur laissant un bol d'eau. Placez-y un petit filet pour les empêcher de s'y baigner (sans quoi leurs plumes gèleront). Si vous suspendez des nichoirs dans votre jardin, lavez-les soigneusement en octobre avec de l'eau savonneuse, sinon les mites et les parasites se feront une joie de s'y développer. Et les oiseaux ne viendront pas se reproduire dans un nichoir sale.

ARAIGNÉES

Vous voulez peut-être éviter d'avoir trop d'araignées dans votre jardin, mais celles-ci sont très utiles. Elles s'occupent des pucerons et d'autres insectes et tissent leur magnifique toile entre les branches des arbres.

VERS DE TERRE

Le « ver de terre » à proprement parler n'existe pas. Rien que dans notre pays, il en existe des douzaines d'espèces, et plus de 3 000 dans le monde entier. En Australie, il vit même un ver de terre de deux mètres de long ! Ils ne vous paraissent peut-être pas très ragoûtants, mais les vers de terre sont des plus utiles. Ils labourent la terre et l'enrichissent ainsi en oxygène. De plus, ils se nourrissent de plantes en voie de décomposition et leurs excréments font un excellent engrais. Notez par ailleurs qu'il n'est pas vrai qu'un ver de terre coupé en deux donne deux vers de terre. Dans le meilleur des cas, seule la portion de la tête peut survivre.

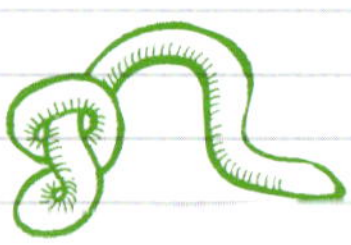

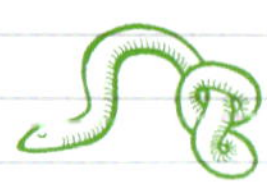

JARDINAGE BIOLOGIQUE

Le jardinage biologique, ce n'est ni plus ni moins que jardiner sans engrais chimiques ni pesticides, en restant au plus près de la nature. Rien de bien compliqué. Si vous êtes prêt à étudier les rouages de la nature, des plantes et des animaux, vous pourrez manger vos propres légumes biologiques dès l'été prochain.

Comment allez-vous vous protéger de la vermine si vous n'utilisez pas de pesticides ? Si vous avez des plantes saines, elles ne seront pas attaquées par les pucerons car ils évitent les feuilles fermes et croquantes. Alors, assurez-vous que vos plantes reçoivent suffisamment de nutriments en ajoutant du compost sur votre sol (voir page 14-15).

INSECTES

Les insectes ne sont pas si nuisibles que ça car tous les animaux (même nuisibles) ont leur utilité. Les pucerons nourrissent les coccinelles, les chrysopes mangent les jeunes larves. Même les escargots jouent un rôle important en se nourrissant de déchets en voie de décomposition et de petits animaux morts.

ASSOCIATIONS ET ROTATIONS

L'un des principes du jardinage biologique est la rotation des cultures, qui consiste à alterner les cultures d'une année sur l'autre. Une année, vous pourriez par exemple planter des pommes de terre sur une parcelle, et de la salade l'année suivante. La raison en est que les plantes prélèvent différents nutriments dans le sol, et sécrètent diverses substances à travers leurs racines dans le sol. Plantez en alternance, et votre sol ne sera jamais épuisé. Vous pouvez naturellement semer quelques graines au hasard et voir ce que ça donne, mais il peut être utile de savoir quand chaque espèce sera prête à être récoltée. Vous pouvez ainsi cultiver des plantes qui poussent vite avec des plantes qui prennent plus de temps. Ainsi, lorsque vous récolterez vos légumes les plus précoces (comme les radis ou la salade), vous aurez de la place pour continuer à faire pousser d'autres plantes.

TAILLE

Vous pensez peut-être que la taille et l'élagage sont un travail de vrai jardinier. Mais là encore, ce n'est pas si compliqué. Voyez ça comme une coupe de cheveux, mais avec une plus grosse paire de ciseaux. Les plantes doivent être taillées pour plusieurs raisons : pour donner une certaine forme à un arbre ou à un buisson, pour lui donner un coup de jeune et pour s'assurer qu'il continue à fleurir et à porter des fruits.

La règle de base pour la taille est la suivante : les plantes qui fleurissent avant le 21 juin (le jour le plus long de l'année) doivent être taillées immédiatement après la floraison. Celles qui fleurissent après le 21 juin doivent être taillées au début du printemps.

QUELQUES RÈGLES DE BASE

- Utilisez des outils affûtés. De mauvais outils risquent de blesser la plante.
- Ne taillez jamais une plante lorsqu'il gèle.
- Faites en sorte que la blessure soit aussi réduite que possible. Ainsi, l'arbre ou le buisson utilisera moins d'énergie pour cicatriser et pourra employer son énergie à quelque chose de plus utile, comme la floraison.

LE BON TRUC !

Recouvrez les grosses cicatrices de mastic cicatrisant, en vente dans les magasins de jardinage.

LA TAILLE EN 3 ÉTAPES

1

Commencez par couper toutes les branches mortes de votre plante. Une branche est morte lorsqu'elle se casse facilement et n'est plus flexible.

2

Réfléchissez à la hauteur que vous souhaitez que votre plante atteigne. L'erreur du débutant consiste à ne pas savoir quand s'arrêter. Résultat : un arbre ou un buisson gravement blessé. Il est donc judicieux de commencer par tailler quelques branches à la longueur désirée. Taillez ensuite le reste de l'arbre ou du buisson. Une bonne taille ne doit pas se remarquer.

3

Voyez si des branches gênent d'autres arbres ou plantes. Coupez ces branches-là. Ainsi, toutes vos plantes auront suffisamment d'air et d'espace pour pousser.

SAINTS DE GLACE

Ces saints ont vraiment existé. Les premiers récits concernant ces hommes austères – saint Mamert, saint Pancrace, saint Servais et saint Boniface – datent des environs de l'an 1000. Leurs noms sont célébrés respectivement le 11, 12, 13 et 14 mai. Et nous les fêtons aujourd'hui encore, car après ces dates, le risque de gel diminue considérablement. Les dernières semaines de mai, il ne gèle (presque) jamais. Une fois les saints de glace passés, le beau temps revient !

RÈGLES DE TAILLE PAR TYPE DE PLANTE

VIGNE

Taillez uniquement la vigne si vous souhaitez obtenir une récolte abondante, autrement laissez-la se débrouiller toute seule. Si vous souhaitez la tailler, faites-le aux alentours du Nouvel An, mais seulement s'il ne gèle pas. Ne taillez pas pendant la période de février à fin mai. Le raisin risque autrement de « saigner » et de s'affaiblir. Taillez les branches qui ont porté des grappes sous le troisième bourgeon*. Si vous voyez des grappes, assurez-vous qu'elles pendent au soleil, en coupant quelques feuilles au besoin. Arrachez quelques raisins sur chaque grappe pour que les raisins restants puissent s'épanouir.

POMMIER

Si vous voulez beaucoup de pommes, vous avez intérêt à tailler votre pommier deux fois par an. Vous vous assurerez ainsi qu'il dépense son énergie dans la floraison, et pas seulement dans la croissance. Cela s'applique également aux poiriers. À la fin de l'hiver, vers le mois de février, coupez les vieilles branches épaisses. Laissez les jeunes branches tranquilles. Ensuite, taillez en priorité les branches qui poussent le plus vite et à la verticale.

PRUNIER

Les pruniers ne doivent absolument pas être taillés en hiver. La meilleure période est entre la mi-avril et la mi-septembre. En août, les prunes sont mûres. Pour ne pas accidentellement couper des fruits, taillez l'arbre après la récolte. Dans tous les cas, taillez avec parcimonie. Vous pouvez tailler quelques branches parmi les plus grosses, mais n'enlevez pas trop de petites branches ; ainsi, vous obtiendrez beaucoup de fleurs et donc beaucoup de délicieuses prunes l'année suivante.

LE BON TRUC !

TYPES DE NŒUDS

- Un nœud est un renflement sur une branche. Il assure la ramification de la plante, c'est-à-dire l'apparition de nouvelles branches. Il existe des nœuds intérieurs et extérieurs.
- Un nœud extérieur est un bouton qui se reconnaît par une ligne rouge pointant vers l'extérieur. Coupez la branche juste au-dessus de ce nœud. Le nœud supérieur cessera de grandir et vous obtiendrez ainsi une belle plante touffue.

NETTOYAGE

+ ENTRETIEN

Votre jardin doit lui aussi être régulièrement nettoyé, ne serait-ce que pour éviter de glisser sur les dalles.

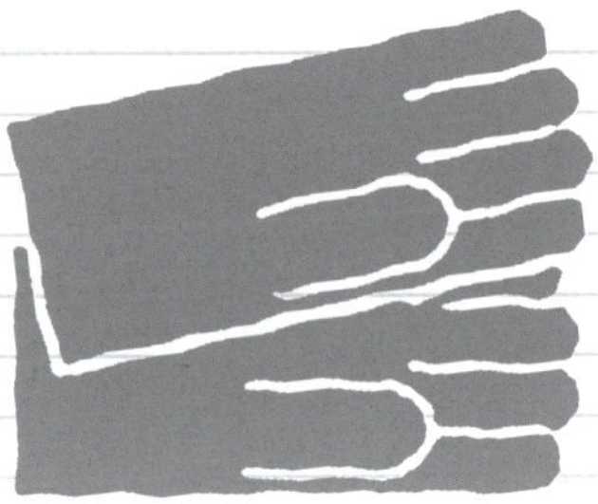

DALLES ET TERRASSE

Un nettoyeur haute pression est un outil super utile pour nettoyer votre jardin. La mousse sur vos dalles, les joints encrassés, tout peut être pulvérisé en un rien de temps. Toute la saleté et les mauvaises herbes entre les dalles ne seront plus qu'un mauvais souvenir. Cela vous évitera beaucoup de récurage et de maux de dos. Vous pouvez acheter ou même louer un nettoyeur haute pression dans un magasin de bricolage.

DALLES GLISSANTES

Les allées de jardin et terrasses carrelées peuvent devenir dangereuses en cas de gel. Si vous saupoudrez le sol de sel, celui-ci se retrouvera rapidement dispersé entre les arbres et les plantes de votre jardin, qui en souffriront. Vous le verrez à mesure qu'ils poussent : leur croissance ralentira et leurs feuilles jauniront. Utilisez du sable plutôt que du sel (sable concassé ou sable de maçonnerie). Cela ne perturbe pas les plantes et ça marche tout aussi bien sur les surfaces glissantes. Les surfaces en bois peuvent également être couvertes de vernis marin, auquel vous ajoutez une poignée de sable très fin. Ainsi, vous ne risquez plus jamais de glisser dans votre jardin !

PLANTES

Pour ce qui est des plantes qui ont l'air un peu flétries l'hiver venu, vous pouvez les tailler légèrement sans risque. Lorsque les feuilles tombent à l'automne, vous pouvez en conserver une partie dans des paniers que vous garderez au sec. Utilisez ces feuilles comme couverture d'hiver pour les plantes qui ont besoin d'une protection supplémentaire contre le gel.

Ne faites pas trop de zèle, et laissez quelques déchets végétaux pour les animaux tels que les crapauds et les hérissons. Eux aussi ont besoin d'un petit coin douillet pour passer l'hiver. En contrepartie, les hérissons vous aideront en mangeant les escargots qui envahissent votre jardin.

OUTILS DE JARDINAGE

Videz et retournez les arrosoirs et les pots avant que le gel ne s'installe. Ainsi, ils ne risquent pas de se fissurer en gelant. Votre citerne à eau de pluie peut geler elle aussi, alors videz-la également.

Fermez le robinet extérieur pour l'hiver, laissez le tuyau d'arrosage se vider et rangez-le. Assurez-vous que votre tuyau n'est pas tordu, sans quoi il risque de se déchirer.

LE BON TRUC !

Dernier passage de tondeuse ? Nettoyez la terre et l'herbe des lames de la tondeuse et rangez-la. Vous pouvez également affûter les lames. Lavez tous vos autres outils pour l'hiver et faites-les baigner dans de la graisse. (Recouvrez-les de vaseline pour les protéger de la rouille !)

OUTILS DE JARDINAGE

Vous pouvez bien sûr acheter tout le stock d'un magasin de bricolage et remplir votre grange d'outils hautement perfectionnés, mais il est probablement plus sage de n'acheter que ce dont vous avez strictement besoin. Parmi les outils de base, on peut songer à un sécateur, une pelle et une bêche. Plus un arrosoir et un tuyau, bien sûr. Au fil du temps, vous découvrirez quels sont les outils dont vous avez le plus besoin. Nous vous donnons ci-dessous un bref descriptif des outils les plus utilisés.

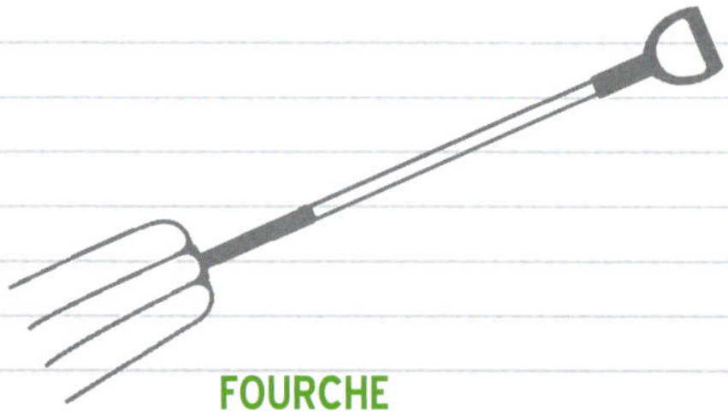

FOURCHE

Permet de travailler et d'entretenir le sol avec un minimum d'efforts. Pratique aussi pour répartir du fumier et du compost, ou pour creuser et transplanter des plantes.

BÊCHE

Pelle fuselée avec une lame légèrement concave pour protéger vos pieds et vos chaussures.

RÂTEAU

Outil très solide servant à ramasser les feuilles et à égaliser la terre fraîchement bêchée.

BALAI-RÂTEAU

Permet de ramasser le gazon coupé, les feuilles et déchets végétaux légers.

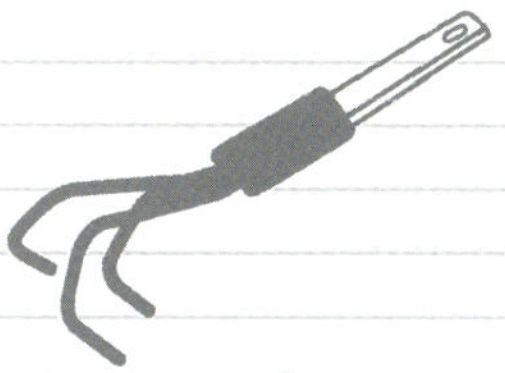

GRIFFE À MAIN

Permet d'arracher les mauvaises herbes et de biner le sol entre des plantes très proches en toute simplicité.

HOUE

Modèle N-H ; pour biner le sol et désherber. À utiliser aussi souvent que possible.

PELLE À TERREAU

Truelle très solide à la pointe effilée. Reste tranchante après des années d'utilisation.

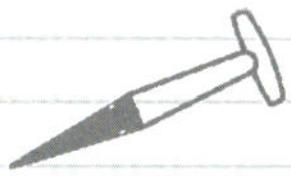

PLANTOIR

Permet de semer des graines ou de planter des bulbes facilement. Un côté fait un petit trou, l'autre côté fait un plus gros trou. Exactement les dimensions dont vous avez besoin.

FOURCHETTE

Avec une fourchette, vous pouvez travailler délicatement ; pratique si vous souhaitez déterrer des semis, par exemple. Vous devrez insérer la jeune pousse entre les dents de la fourchette et soulever doucement. Avec le côté plat, vous pouvez soigneusement tasser la terre autour de la plante.

LE VRAI
BOULOT

CONSTRUIRE UN POTAGER

Alors comme ça, vous avez bien étudié les bases ? Il est donc temps de se mettre à l'ouvrage et de construire ce potager ! N'importe qui peut aménager un potager. Tout ce dont vous avez besoin, c'est d'un lopin de terre, d'une pelle, de quelques de graines et d'un peu de temps. Mais avant de quitter votre siège, posez-vous ces quelques questions :

QUEL ESPACE ?

Commencez par dessiner un plan de votre jardin. Notez la durée d'ensoleillement quotidienne de chaque recoin. Ce sera l'ingrédient de base de votre jardin. Dessinez également les murs et les endroits ou vous pourriez placer des treillis. Vous pourriez peut-être doubler votre récolte en travaillant en hauteur. Utilisez intelligemment tout l'espace dont vous disposez. Voulez-vous également élever des animaux (voir question 2) ? Notez les endroits où vous pourriez placer leurs enclos.

VOULEZ-VOUS ÉLEVER DES ANIMAUX ?

Réfléchissez-y à deux fois. Cela ne vaut pas que pour les animaux de compagnie, comme les chiens et les chats : les poules, les abeilles, les porcs et les chèvres prennent du temps et demandent eux aussi des soins et de l'attention. Dans certaines municipalités, installer certains animaux dans son jardin doit faire l'objet d'une demande. Vérifiez bien tous ces détails avant d'aller acheter avec enthousiasme un adorable petit porcelet.

POUR QUEL RÉSULTAT ?

Voulez-vous simplement récolter quelques fruits et légumes estivaux, ou produire votre propre nourriture tout au long de l'année ? Si vous n'êtes pas encore un jardinier émérite, il peut être judicieux de commencer en douceur. Il serait dommage que votre première tentative soit une déception et vous fasse ranger les outils dans la remise.

COMBIEN DE TEMPS POUVEZ-VOUS CONSACRER À VOTRE JARDIN ET À VOS ANIMAUX ?

Songez au temps que vous voudrez investir dans votre jardin et vos animaux. Vous pensez peut-être avec enthousiasme que vous voudrez travailler toute la journée dans le jardin et que vous serez aux petits soins avec tous les animaux. Mais croyez-en notre expérience ; au bout d'un certain temps, le désherbage, ça n'a plus rien d'amusant. Et par une chaude après-midi d'été, vous préférerez peut-être boire une boisson fraîche dans votre chaise longue que de traire les chèvres. Par ailleurs, n'oubliez pas de consulter vos voisins. Tout le monde n'apprécie pas d'être réveillé par un porc qui grouine, si adorable soit-il. Nous verrons par la suite quelles espèces sont plus ou moins pratiques, pour que vous puissiez faire un choix avisé.

ROTATION DES CULTURES

Avant de semer à tout va, vous devez déterminer précisément quelles plantes vous allez cultiver et où elles pourront grandir. Souvenez-vous que la plupart des cultures se récoltent en juin, juillet et août. Si vous ne voulez pas survivre tout l'hiver avec des légumes en conserve, vous devrez planter quelque chose qui reste vert plus longtemps. Comme la plupart des sortes de chou. Si vous voulez vraiment prolonger la saison, construisez une serre.

Si vous cultivez en terre ferme, ne plantez jamais le même légume au même endroit d'une année sur l'autre. En effet, chaque espèce a des besoins en nutriments spécifiques. Variez les espèces, et vous aurez des plantes qui poussent mieux, qui ne sont pas attaquées par les maladies et les moisissures et qui sont en parfaite santé. C'est ce que l'on appelle la rotation des cultures.

Ces quatre groupes vous aideront à établir un schéma de rotation. Il est judicieux de préparer un plan et une carte au préalable : le programme de culture. En voilà un exemple ci-dessous.

PROGRAMME DE CULTURE

Pour un plan de rotation simple, rangez vos plantes dans quatre groupes :

1. Pommes de terre et tomates (qui sont apparentées)
2. Racines et tubercules
3. Choux
4. Légumineuses

Outre les plantes annuelles, vous pouvez également essayer de cultiver quelques plantes vivaces, comme la rhubarbe, l'asperge ou la fraise. Ces plantes gagneront

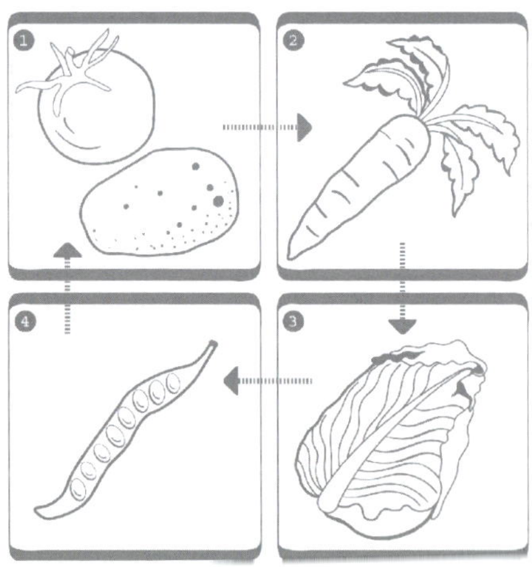

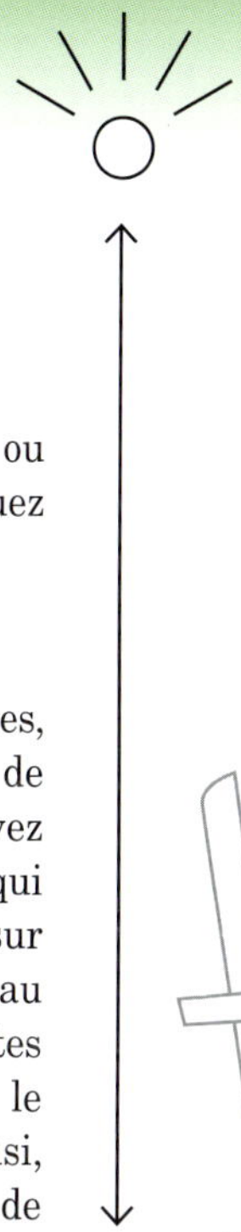

à pousser sur une parcelle séparée, ou le long de la parcelle où vous appliquez votre rotation des cultures.

CULTURE ASSOCIÉE

En plus de faire tourner les cultures, votre jardin bénéficiera également de combinaisons bien pensées. Vous pouvez ainsi associer plusieurs plantes qui ont une influence positive les unes sur les autres. Placez quelques laitues au milieu des haricots, protégez les tomates du vent avec des plants de maïs, ou le concombre avec du topinambour. Ainsi, vous améliorez les chances de réussite de votre potager tout en faisant bon usage de l'espace. Avec quelques combinaisons intelligentes, vous pourrez tirer le maximum de votre jardin.

LE BON TRUC !

Plantez des soucis entre les fruits et les légumes, ils tiendront les fourmis à distance. Leurs racines sécrètent une substance qui éloigne les nématodes nuisibles.

LE BON TRUC !

Plantez de la bourrache au milieu de vos fraisiers, et les fraises prendront un goût délicieux.

LÉGUMES

LÉGUMES

Pour éviter que votre première tentative ne se solde par un échec, vous pouvez commencer par ces légumes « simples ».

LAITUE

Votre propre laitue : vous passerez des heures à la laver, mais vous aurez de quoi manger. La laitue peut aisément pousser dans n'importe quel jardin, même si vous n'avez pas la main verte. Il y a des espèces dont vous pouvez cueillir seulement quelques feuilles, et d'autres que vous devez récolter d'un seul coup, comme la laitue pommée. Si vous le souhaitez, vous pouvez placer différentes espèces ensemble dans un pot. Hélas, les escargots raffolent de la laitue. Enroulez une corde trempée dans de l'eau salée autour du pot pour les tenir à distance. La blette (délicieuse en salade) est une autre plante très facile à cultiver qui s'entend bien avec la laitue.

COURGETTES ET CITROUILLES

Il existe plus de 150 variétés de citrouilles et de courgettes, et elles sont toutes très colorées. Elles produisent de magnifiques fleurs, et surtout elles poussent très vite. Vous pouvez les faire pousser le long d'un mur ou d'une arcade. Les courgettes ne doivent pas dépasser les 10 cm de diamètre, sans quoi elles seront molles. Vous pouvez également manger les fleurs de courgette, farcies et frites.

LE BON TRUC !

Achetez une mini-serre et plantez-y vos semis lorsqu'il fait encore trop froid dehors.
À partir du mois de mai, ouvrez régulièrement la fenêtre pour que les plantes se renforcent.
Une fois la fin du printemps (fin mai) passée, vous pouvez sortir les plantes.

RHUBARBE

La rhubarbe se plante en mars, début avril ou en novembre dans un sol aéré et naturellement un peu humide. Mais les plantes ne veulent pas non plus constamment avoir les pieds dans l'eau. Comptez environ un mètre carré par plante. Ne plantez pas votre rhubarbe trop profondément, et surtout pas à un endroit où vous la cultiviez l'an dernier. La terre n'aurait pas assez de nutriments pour la nouvelle pousse. Les jeunes plantes que vous avez plantées au printemps ne donneront pas de récolte tout de suite, mais à partir de la deuxième année, vous récolterez en abondance. Si vous voulez une récolte importante, évitez la floraison : arrachez les bourgeons. La rhubarbe est délicieuse en confiture, apprenez à en confectionner à la page 54. Ajoutez une touche de Tabasco et de gingembre ou du piment à votre confiture. Autre recette délicieuse et originale : la liqueur de rhubarbe (extraite du livre *Zelfingemaakt*).

RHUBARBECELLO FAIT MAISON

INGRÉDIENTS

- *500 grammes de rhubarbe de votre jardin*
- *200 grammes de sucre du magasin*
- *700 ml de vodka titrant au moins 40 % d'alcool*

MATÉRIEL

- *une bouteille ou un bocal propre et hermétique*
- *une passoire*
- *une toile*
- *un mixeur*
- *des bouteilles vides*

MÉTHODE

Lavez la rhubarbe et coupez-la en tranches très fines. Mélangez soigneusement le sucre et la rhubarbe dans une bouteille ou un bocal propre et hermétique. Versez la vodka dessus et mélangez bien.

Laissez la mixture scellée pendant 3 à 4 semaines dans un lieu sombre. Agitez tous les jours. Filtrez ensuite le mélange de rhubarbe, de sucre et de vodka à travers une toile propre. Veillez à tout bien récupérer dans un grand saladier en verre. Réduisez les morceaux de rhubarbe restants en purée dans un mixeur. Placez la toile dans la passoire et déposez la purée par-dessus. Pressez la rhubarbe jusqu'à ce que la vodka prenne une teinte opaque et rose clair. Jetez le reste de la purée.

Versez votre rhubarbecello dans des bouteilles propres et conservez-les 3 à 6 mois afin que la saveur et la structure se développent. Dégustez cette savoureuse liqueur sur des glaçons.

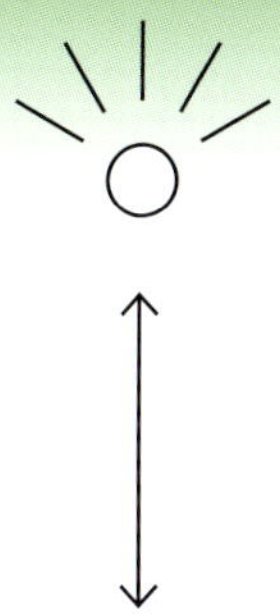

TOMATES

Vous aussi, vous raffolez des tomates italiennes ? Faites pousser vos propres tomates, vous ne le regretterez pas. Les tomates viennent du sud, donc elles aiment la chaleur et le soleil. Les plants de tomates ne doivent jamais être complètement secs, mais ils ne doivent pas non plus recevoir trop d'eau. Si les feuilles empêchent les tomates de prendre le soleil, arrachez-les pour qu'elles mûrissent mieux. Cela vaut aussi pour les tomates elles-mêmes. Parfois, vous devrez en sacrifier quelques-unes pour ensoleiller les autres. Aux alentours du solstice d'été (21 juin), vous devrez pincer les pousses latérales de vos plants afin qu'ils cessent de grandir et qu'ils concentrent leur énergie sur la production de tomates.

KETCHUP FAIT MAISON

INGRÉDIENTS

- *5-6 tomates mûres*
- *2 cuillères à soupe d'huile*
- *1 oignon*
- *2 gousses d'ail*
- *morceau de gingembre de 3 cm*
- *1 poivron rôti*
- *75 g de céleri*
- *1 piment rouge*
- *5 cl de vinaigre de vin rouge*
- *5 cl de concentré de tomate*
- *5 cl de sucre roux*
- *1 cuillère à café de sel*

MÉTHODE :

1. Hachez grossièrement les tomates, l'oignon, le gingembre, l'ail, le piment, le poivron rôti et le céleri.
2. Versez de l'huile dans une casserole chauffée à feu moyen. Ajoutez le concentré de tomate et les légumes hachés. Faites revenir jusqu'à ce que l'oignon soit translucide.
3. Ajoutez les tomates lavées et coupées en dés, puis faites mijoter à feu doux pendant une demi-heure avec 250 cl d'eau.
4. Mélangez au mixeur jusqu'à obtenir la consistance souhaitée.
4. Ajoutez le vinaigre et le sucre.
5. Goûtez et salez si nécessaire.

Versez dans une bouteille propre que vous pouvez refermer. Du moment que la bouteille est fermée, vous pouvez conserver le ketchup pendant un mois dans un lieu sombre et frais. Une fois la bouteille ouverte, elle se conservera quelques jours au frais.

HERBES

Les herbes peuvent très bien se cultiver sur un rebord de fenêtre dans la cuisine, mais également dans des pots sur la terrasse ou le balcon. Ou dans la terre ferme. N'arrachez pas de branches entières, mais coupez le haut des herbes. La plante continuera à pousser normalement. Le basilic est une espèce qui a besoin de beaucoup de soleil pour grandir. Le romarin, beaucoup moins. Les herbes adorent le soleil, mais lors d'étés très chauds elles aiment aussi passer un peu de temps à l'ombre. Elles ont besoin de peu de nutriments. Vous pouvez en faire d'excellents pestos. Rendez-vous à la page 59 pour la technique. Beurre aux herbes, vinaigre et huile aromatisée sont autant d'idées pratiques et délicieuses.

HUILE AUX HERBES FAITE MAISON

INGRÉDIENTS

- *bocal hermétique*
- *huile*
- *herbes hachées*
- *ail*
- *citron*

MÉTHODE :

Vous pouvez faire de l'huile aromatisée avec toutes sortes d'herbes ou de combinaisons selon ce que vous aimez. L'huile de base est l'huile de tournesol, mais si vous voulez un goût plus prononcé, choisissez une huile d'olive. L'huile aromatisée se conserve longtemps et agrémente parfaitement une tranche de pain, une soupe ou une salade.

Utilisez un bocal que vous pouvez fermer hermétiquement. Versez-y l'huile, ajoutez les herbes hachées. Pelez l'ail et le citron. Ajoutez autant de gousses d'ail et de zeste de citron que vous le souhaitez.

LE BON TRUC !

Utilisez un pot de basilic pour éloigner les mouches.

MOUTARDE

Une jolie plante pour votre jardin : la moutarde, une plante annuelle qui peut grandir jusqu'à 1 mètre de haut. Tous les plants de moutarde présentent les caractéristiques fleurs jaunes, mais tous ne produisent pas les mêmes graines. Il existe des graines de moutarde jaunes, noires et brunes. En réalité, seule leur peau change de couleur. À l'intérieur, toutes les graines sont jaune pâle. Vous devrez être prudent si vous faites pousser de la moutarde dans votre jardin, car elle devient rapidement envahissante. C'est une sorte de mauvaise herbe. Dans la nature, vous la retrouverez souvent le long des champs, des routes et sur les terres en jachère.

La moutarde est simple : vous la semez au printemps, pendant les mois d'été vous serez récompensé de fleurs magnifiques, et à l'automne vous récolterez enfin les gousses (les « siliques »), dans lesquelles vous trouverez les minuscules graines d'environ 2 millimètres. Chaque silique contient entre 4 et 8 graines de moutarde. Avant d'en avoir assez pour faire votre propre moutarde, vous allez devoir y passer du temps. Heureusement, beaucoup de supermarchés vendent des graines de moutarde.

MOUTARDE FAITE MAISON

INGRÉDIENTS

- *100 g de graines de moutarde*
- *un morceau de gingembre de la taille d'un pouce*
- *2 gousses d'ail pelées*
- *½ poivron rouge en morceaux*
- *1 ½ cuillère à soupe de piment de Cayenne*
- *une grosse cuillère à soupe de sucre*
- *250 ml de vinaigre de vin blanc*
- *sel et poivre*

MÉTHODE :

Pour une moutarde fluide, laissez les graines de moutarde macérer dans le vinaigre toute une nuit. Mixez pendant une à cinq minutes, puis versez le tout dans un pot bien propre. Laissez reposer trois jours avant de goûter. Les saveurs doivent s'équilibrer avant d'obtenir le vrai goût de moutarde. Gardez votre moutarde au frigo.

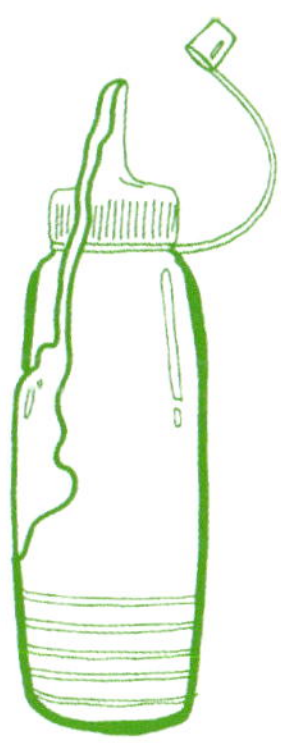

FRUITS

FRUITS

En plus des légumes, vous voudrez sans doute cultiver aussi des fruits. La plupart sont plutôt simples d'entretien. Un minimum de taille et bien entendu, de l'eau. Sachez que pour beaucoup d'espèces de fruits, vous devrez planter au moins deux arbres pour la pollinisation. Certains arbres peuvent s'autopolliniser et produire des fruits tout seuls. Demandez à votre magasin de jardinage quels arbres peuvent s'autopolliniser. La plupart des fruits font d'excellentes confitures ; voir page 54 pour la technique.

FIGUES

Les figuiers viennent de pays exotiques, mais ils se portent tout aussi bien dans un jardin français. En pleine ville, protégé du gel, l'arbre portera des fruits. Les figuiers ont besoin d'une épaisse couverture de paillis (une couche de matières organiques) en hiver. Une corbeille en roseau autour de la plante l'aidera aussi à passer l'hiver. La confiture de figue est délicieuse avec un plateau de fromages (voir page 54 pour apprendre à la confectionner).

POMMES

Aucun jardin n'est trop petit pour un (mini) pommier. Pour les petits jardins, les balcons et les terrasses, les arbres en espalier sont utiles : ils poussent à plat contre le mur et prennent donc moins de place. Les fruits adorent pousser en espalier sur un balcon, car ils profitent de la chaleur retenue par le mur. Arrosez ces fruits plus souvent, car la terre séchera plus vite. Vous pouvez acheter des fruitiers en espalier dans les magasins de jardinage, structure comprise. Souvent, les pommiers sont vendus avec les racines nues, hors terre. Ils peuvent être replantés jusqu'à l'automne. Les arbres et les plantes en pot peuvent être plantés tout au long de l'année. La tarte aux pommes est toujours un délice, bien sûr, mais vous pouvez faire bien d'autres choses avec des pommes. Pourquoi pas du sirop de pomme maison ? Rendez-vous à la page 48 pour la recette. Vous pouvez aussi faire votre propre jus, même sans centrifugeuse.

JUS DE POMME FAIT MAISON

INGRÉDIENTS
(pour un litre de jus)

- *2 kilos de pommes*
- *eau*

MÉTHODE :

Pour faire du jus, vous pouvez utiliser toutes sortes de pommes, y compris celles qui sont tachées ou flétries. Coupez simplement les parties affectées. Vérifiez aussi qu'elles ne contiennent pas de vers ; vous préférerez sans doute éviter d'en trouver dans votre verre. Vous pouvez laisser le trognon. Le meilleur jus se fait avec un mélange de différentes sortes de pommes. Lavez bien les pommes et coupez-les en quatre. Il n'est pas nécessaire de les peler. Si vous avez un extracteur de jus, vous pouvez facilement presser vos pommes. C'est plus rapide que la méthode classique consistant à cuire les pommes jusqu'à les avoir réduites en mousse, puis à filtrer le résultat. Mais vous pouvez tout aussi bien utiliser la méthode classique.

MÉTHODE CLASSIQUE :

Coupez les pommes en petits morceaux, couvrez-les d'eau et cuisez-les pendant environ 45 minutes. Écrasez-les avec un pilon. Posez une passoire sur une casserole et couvrez-la d'une étamine propre. Versez la purée dans la passoire et laissez le jus s'égoutter. Le jus tombe dans la casserole et les impuretés sont piégées dans l'étamine. Laissez le jus de pomme refroidir et goûtez-le. Ajoutez du sucre s'il est trop acide. Remettez le jus de pomme sur le feu et laissez le sucre se dissoudre. Versez le jus dans une bouteille hermétique.

SIROP DE POMME FAIT MAISON

INGRÉDIENTS
(pour un litre de sirop)

- *Jus de pomme*

MÉTHODE :

Faites cuire le jus de pomme avec du sucre roux jusqu'à ce que les gouttes coulent sur la cuillère en formant un fil. Cela peut prendre plusieurs heures. Laissez le mélange refroidir et il prendra une consistance de gelée : votre sirop est prêt. Versez le sirop dans un pot et vous pourrez le conserver pendant plusieurs mois, même en dehors du réfrigérateur.

RAISIN

Malheureusement, la vigne ne pousse pas très bien dans un conteneur ou un pot. Mais si vous la plantez dans la terre ferme, c'est une plante simple à entretenir. Trouvez-lui un coin ensoleillé et à l'abri du vent et vous n'aurez aucun souci à vous faire. Une pergola est idéale pour la faire pousser. Plantez-la contre un mur exposé sud, et faites-la courir le long de la pergola. Avec votre raisin, vous pouvez bien entendu faire du vin. Ne croyez pas que c'est facile, loin de là ; mais imaginez votre fierté lorsque vous apporterez votre propre vin à un dîner entre amis.

VIN FAIT MAISON

MÉTHODE :

Étape 1

Cueillez les raisins et placez-les dans un seau. Le mélange de peau, de pulpe et de pépins que contient votre seau s'appelle le moût. Essayez de ne pas faire tomber de branches dans le moût. Pilez le raisin avec une bûche ou trouvez votre propre méthode pour extraire le jus des raisins. Mesurez ou pesez la quantité de moût que vous avez et ajoutez 2 à 4 ml d'enzymes pectolytiques pour 10 litres de moût. Couvrez le récipient avec un chiffon propre. L'oxygène doit pouvoir passer, mais pas les mouches. Non seulement vous n'aimeriez pas trouver des insectes dans votre vin, mais la mouche du vinaigre transmet une bactérie particulière qui donne un goût de vinaigre au vin. Une fois couvert, laissez le récipient reposer pendant 12 heures.

Étape 2

Si tout se passe bien, la fermentation devrait commencer automatiquement et il devrait donc y avoir de l'alcool dans le vin. Avec votre propre récolte, l'acidité sera généralement bonne, mais la teneur en sucre sera insuffisante pour que la levure fasse son travail. Vous devez avoir au moins 168 grammes de sucre par litre de moût pour obtenir une bonne fermentation et donc un taux d'alcool d'environ 10 %. Si vous voulez un vin avec 12 % d'alcool, vous devrez ajouter un kilo de sucre pour dix litres de moût. Si vous voulez un vin moins alcoolisé, vous pouvez ajouter moins de sucre. Pour déterminer si votre moût contient assez de sucre, vous pouvez le goûter et travailler à l'instinct. Vous pouvez également trouver des appareils spéciaux. Vous trouverez énormément d'informations sur Internet.

SUITE À LA PAGE SUIVANTE

Étape 3

Après environ deux jours, la fermentation commence. Vous verrez alors se former sur le moût une sorte de mousse qui contient la peau et les pépins. À la suite de cette première fermentation, vous pouvez ajouter plus de sucre. Mélangez bien et couvrez le seau ou le tonneau d'un chiffon propre. Laissez le mélange fermenter pendant deux ou trois jours de plus. Il vaut mieux éviter de mélanger entre-temps, car si le vin se retrouve au contact des pépins trop fréquemment, il risque de contenir trop de tanins.

Étape 4

Une fois la fermentation terminée, au bout de deux ou trois jours, ramassez délicatement les impuretés à la surface du liquide à l'aide d'une passoire. Refermez avec un chiffon propre et laissez reposer pendant quelques heures de plus, puis écumez de nouveau la couche supérieure délicatement.

Étape 5

Préparez un sirop en faisant bouillir du sucre dans de l'eau. Vous aurez besoin de 250 ml de sirop pour 10 litres de moût. Ajoutez-le dans le moût, avec un peu de nutriments pour levure. Attrapez un entonnoir, une passoire et une tourie (une grosse bonbonne). La plupart des impuretés seront filtrées par la passoire, mais le vin sera encore un peu trouble. Scellez la tourie de sorte que l'oxygène ne puisse pas rentrer. Après environ deux semaines, la « vase » est tombée au fond de la bouteille et le vin est plus clair. Vous pouvez transvaser délicatement le contenu de la tourie dans une autre en laissant les résidus dans la première bouteille. Vous pouvez déjà goûter le vin. Un vin jeune et frais.

Étape 6

Ajoutez 125 ml de sirop pour 10 litres de vin. Agitez bien la bouteille et laissez-la reposer pendant trois à quatre semaines. Transvasez ensuite dans une autre tourie, goûtez, et au besoin, ajoutez de nouveau 125 ml de sirop pour 10 litres de vin. Le vin va développer ses arômes au cours de la fermentation secondaire. Après deux à quatre mois, le processus de fermentation et de clarification du vin est terminé et le vin est prêt à être dégusté !

POIRES

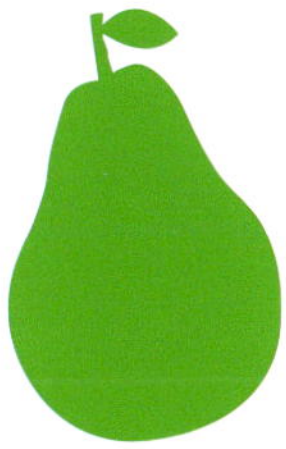

Les poiriers poussent mal en pot. Ils demandent plus d'entretien que les pommiers, par exemple. Par ailleurs, il n'existe encore pas beaucoup de bonnes variétés de poiriers autofertiles, de sorte que vous aurez presque toujours besoin de deux poiriers ou plus. Si cela ne vous pose pas problème, achetez deux poiriers palissés et plantez-les dans un coin abrité et ensoleillé de votre jardin. Pour faire de la confiture de poire délicieusement épicée, ajoutez quelques morceaux de gingembre dans un morceau de toile dans une casserole avec de l'eau et des poires, faites bouillir pendant une demi-heure, puis retirez le gingembre et finissez la confiture. Rendez-vous à la page 54 pour en maîtriser la technique.

PRUNES

Les pruniers sont faciles à faire pousser et il existe plusieurs variétés autofertiles. Le Czar et l'Opal sont des variétés autofertiles qui sont excellentes à cuire. Les pruniers fleurissent au début du printemps, et ils sont donc susceptibles au gel. Ils doivent être taillés vers le milieu du printemps. La confiture et le chutney de prune ont toujours du succès.

FRAISES

Les fraises sont faciles à faire pousser, même dans des pots sur la terrasse ou le balcon. En pot, les fraisiers peuvent être suspendus. Assurez-vous que les pots sont percés pour laisser l'eau s'évacuer. Vous pouvez utiliser du terreau normal, mais il existe aussi du terreau spécial fraisiers qui présente la composition parfaite pour les fraises. Les fraisiers ont besoin de beaucoup d'eau, tous les jours en été. Un pot peut sécher en une seule journée par temps chaud. Les fraisiers adorent le soleil et préfèrent être abrités du vent. Les fraisiers peuvent passer l'hiver, mais vous devez alors rentrer les pieds. Les fraises se récoltent de la fin juin à la mi-août. La confiture de fraise vient tout de suite à l'esprit, avec du vinaigre balsamique par exemple. Également délicieux et amusant : la mayonnaise à la fraise. Réduisez simplement les fraises en purée et montez en mayonnaise.

LE BON TRUC !

Les branches d'arbres fruitiers qui poussent à l'horizontale donnent plus de fruits. Accrochez des poids aux branches d'un pommier, par exemple des pots de confiture contenant des bougies, et vous pouvez vous attendre à une récolte abondante.

CONFITURE

LIQUEUR

PESTO

La fabrication de confitures, de liqueurs et de pesto représente autant de manières de profiter de votre récolte aussi longtemps que possible.
À vous de décider quels sont les fruits ou les herbes que vous utiliserez. Des fraises pour la confiture, des citrons pour le limoncello, des noix pour le pesto : à vous de choisir ! Expérimentez et vous trouverez peut-être une combinaison de saveurs exceptionnelle.

Quoi que vous fassiez, et quels que soient les fruits ou les herbes que vous utilisiez, travaillez de manière hygiénique. Lavez consciencieusement les bocaux et les bouteilles que vous utiliserez pour vos conserves. Versez la confiture chaude dans les pots, puis fermez-les immédiatement, retournez-les et laissez-les refroidir. Ainsi, le contenu fait le vide dans le pot, de sorte qu'aucune bactérie ne puisse pénétrer. Pour le pesto, versez une couche d'huile par-dessus pour le conserver pus longtemps. Collez toujours des étiquettes sur les pots et les bouteilles avec la liste des ingrédients et la date de préparation, puis conservez-les dans un endroit frais et sombre.

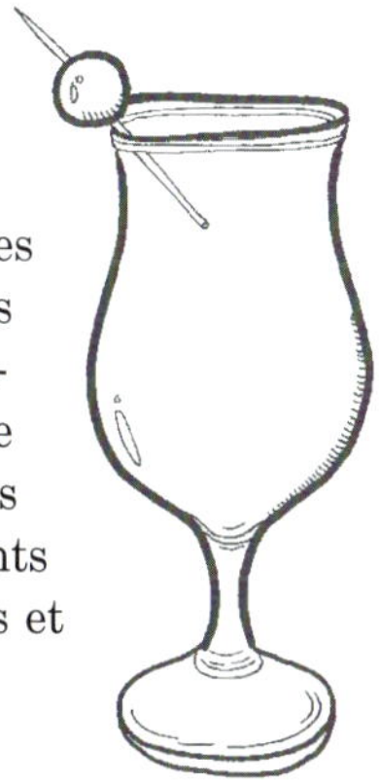

CONFITURE

NÉCESSAIRES :
- *fruits frais*
- *passoire*
- *casserole*
- *pots propres*

FRUIT FRAIS

Bien évidemment, pour faire une bonne confiture, vous aurez besoin de fruits de qualité. Assurez-vous que vos fruits sont frais et mûrs, et débarrassez-vous des parties meurtries. Si vous voulez une confiture avec des morceaux de fruits, coupez-les à la taille souhaitée. Si vous voulez une confiture fluide, mixez le fruit avant d'y ajouter le sucre.

Une fois que vous savez quelle confiture vous souhaitez faire, placez tout ce dont vous avez besoin à portée de main. Les fruits, le sucre, l'assaisonnement éventuel, la louche, les pots et une grande casserole. De préférence avec un fond épais, car cela accélère l'évaporation du liquide. La taille de la casserole joue également un rôle important : dans une casserole plus grande, le liquide s'évapore plus vite et la confiture atteint plus rapidement la consistance désirée. En plus, vous pouvez bien remuer le mélange et la confiture a tout l'espace requis pour cuire. Attention : en raison de la haute teneur en sucre, la confiture est excessivement chaude, bien plus que de l'eau bouillante ! Cuisez donc à petit feu.

LA BONNE CONSISTANCE

C'est une expression pratique, « la bonne consistance », mais qu'est-ce que ça signifie ? Vous pouvez vérifier la confiture à l'aide d'un thermomètre à confiture ou à sucre : lorsqu'elle atteint 105 °C, elle a atteint la bonne consistance et doit arrêter de cuire. Si vous n'avez pas de thermomètre à la maison, placez une cuillère de confiture sur une petite soucoupe froide et laissez-la refroidir. La confiture ne glisse pas lorsque vous inclinez la soucoupe ? Alors elle a atteint la bonne consistance.

Une confiture sucrée se conserve en dehors du réfrigérateur pendant 6 à 12 mois. Une fois ouverte, conservez-la au réfrigérateur. Une confiture mi-sucrée se conserve 3 à 5 mois, et environ un mois après ouverture.

FAIRE DE LA CONFITURE

Étape 1

Rincez bien les fruits, nettoyez-les, jetez les fruits pourris, enlevez les feuilles, les tiges et les graines. Coupez éventuellement les gros morceaux.

Étape 2

Placez les fruits propres dans une grande casserole à fond épais. Ajoutez le sucre et les autres ingrédients éventuels. Mélangez bien.

Étape 3

Mettez la casserole sur le feu et amenez le mélange à ébullition. Respectez le temps de cuisson indiqué.

Étape 4

Remplissez les pots préparés à ras bord de confiture chaude. Fermez les pots aussi rapidement que possible, retournez-les et laissez-les refroidir à l'envers.

Étape 5

Collez des étiquettes sur les pots.

LIQUEUR

IL N'Y A RIEN DE PLUS SIMPLE QUE DE FAIRE DE LA LIQUEUR. ACHETEZ DE L'ALCOOL FORT, AJOUTEZ-Y DES FRUITS OU DES HERBES, AGITEZ UN PEU, PUIS ATTENDEZ QUE LE MIRACLE SE PRODUISE.

NÉCESSAIRE :
- *fruits frais*
- *passoire*
- *bocal en verre propre*
- *étamine*

De l'alcool, du sucre et un arôme : c'est vraiment tout ce dont vous avez besoin pour faire de la liqueur. Et quel meilleur arôme que celui des fruits et des herbes de votre jardin ?

Une liqueur contient normalement plus de 100 grammes de sucre par litre. Généralement, le taux de sucre tourne autour de 250-350 grammes par litre. Les recettes décrites dans ce livre utilisent uniquement de l'alcool disponible dans le commerce. La distillation est un processus complexe et potentiellement dangereux, et elle n'est donc pas abordée ici.

MACÉREZ-MOI ÇA !

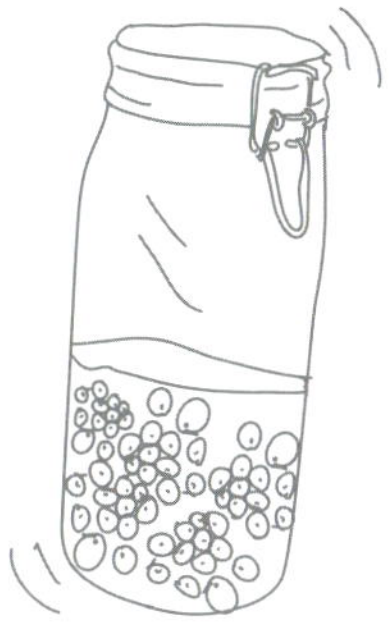

Pour faire de la liqueur, vous aurez besoin d'une grande bouteille ou d'un grand pot en verre qui peut être fermé hermétiquement. Pendant que les ingrédients macèrent, agitez régulièrement le contenant pour que tout se mélange bien et que le sucre se dissolve complètement. Une fois la macération (dont la durée varie selon la recette) terminée, filtrez le liquide à travers une étamine, puis un filtre à café pour éliminer les plus petits résidus. Vous pouvez ensuite répartir la liqueur dans des bouteilles ou des pots.

VÉRIFIEZ À DEUX FOIS

Veillez à soigneusement examiner la verrerie pour vous assurer de l'absence de dommages. Évitez le verre de couleur, ou vérifiez que celle-ci est bien fixée. Laissez aussi le cristal de côté, car il contient généralement beaucoup de plomb, un métal lourd qui se dissout dans le liquide. Et vous n'avez évidemment pas envie de vous intoxiquer au plomb.

ÉTIQUETAGE

Rédigez ensuite une étiquette avec la date et un nom approprié. En règle générale, une liqueur se conserve un an et demi à deux ans si vous en buvez occasionnellement, trois à quatre ans pour les bouteilles fermées.

FAIRE DE LA LIQUEUR

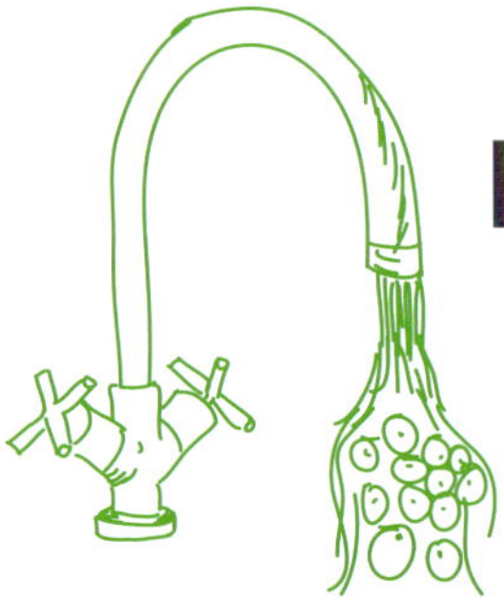

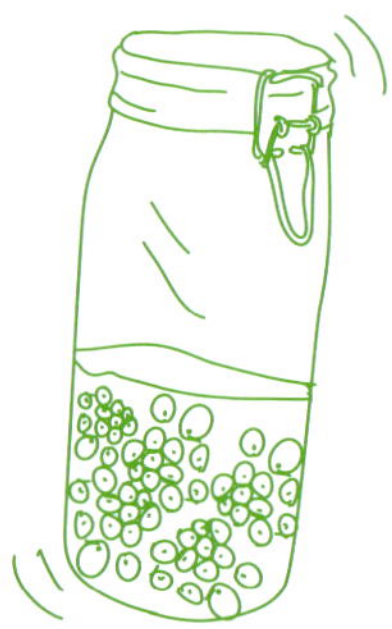

Étape 1

Nettoyez les fruits, retirez les fruits pourris, les feuilles, les tiges et graines.

Étape 2

Placez les fruits dans un bocal en verre propre et mélangez bien avec les autres ingrédients.

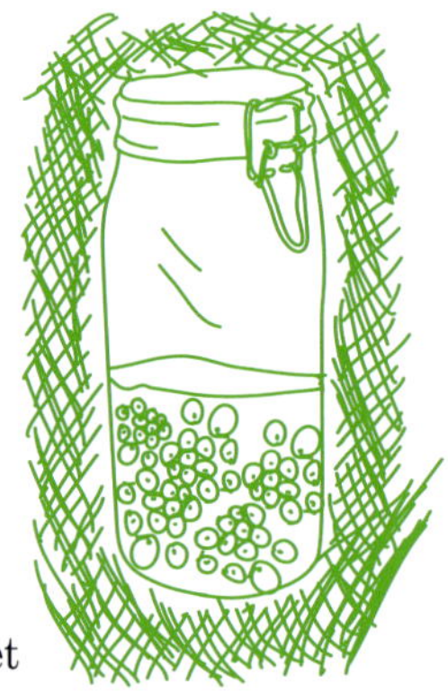

Étape 3

Placez le pot à l'abri dans un endroit sombre et secouez-le régulièrement.

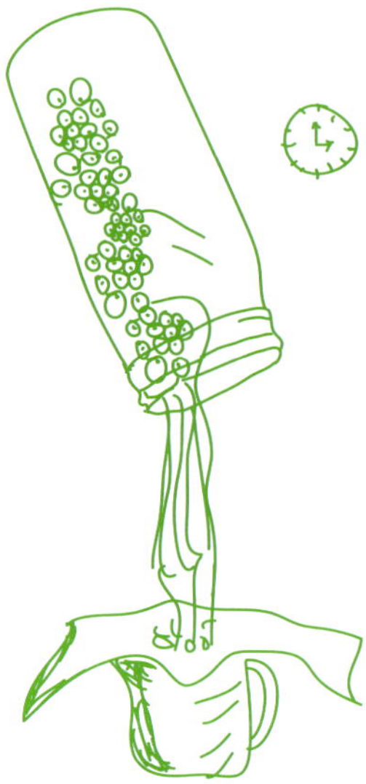

Étape 4

Une fois que le laps de temps donné s'est écoulé, égouttez le mélange dans une étamine, et ajoutez éventuellement d'autres ingrédients.

Étape 5

Versez la liqueur dans des bouteilles propres.

PESTO

UN DÉLICIEUX PESTO PEUT FAIRE OU DÉFAIRE UN REPAS. ET UN DÉLICIEUX PESTO EST UN PESTO FAIT MAISON, BIEN ENTENDU !

À l'origine, le pesto est une sauce verte faite de basilic haché, de pignons de pin, d'ail, de parmesan et d'huile d'olive qui se sert froide. On en trouve de toutes sortes au supermarché, mais le mieux est de le faire soi-même. Aujourd'hui, tout s'appelle pesto, du moment que c'est froid, finement haché et recouvert d'huile d'olive. Vous pouvez utiliser toutes sortes d'épices et inventer vos propres combinaisons. Travaillez à l'instinct, commencez par de petites quantités, goûtez et si nécessaire, ajoutez quelque chose. Avec un peu de fantaisie, vous obtiendrez des saveurs surprenantes.

NÉCESSAIRE :

- *herbes fraîches*
- *mortier et pilon*
- *huile de bonne qualité*
- *fromage*

MORTIER ET PILON

Pour faire du pesto, le plus simple est de tout mettre dans le mixeur et d'assaisonner avec du sel et du poivre. Ne mixez pas trop longtemps, sans quoi le mélange risque de cailler. Si vous avez le temps et un faible pour les recettes authentiques, servez-vous d'un mortier et d'un pilon. Jetez-y tous les ingrédients, sauf l'huile et le fromage, et écrasez-les. Une fois les herbes et les pignons broyés finement, vous pouvez ajouter l'huile. Incorporez ensuite le fromage râpé. Remplissez vos pots et couvrez-les d'une couche d'huile avant de les fermer.

FAIRE DU PESTO

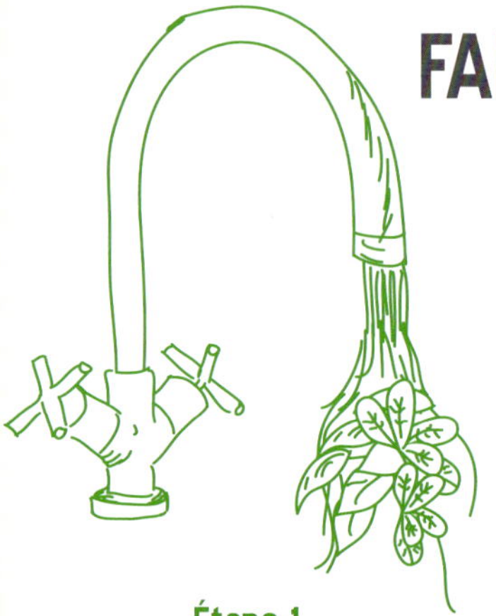

Étape 1
Lavez les herbes et séchez-les en les tamponnant avec du Sopalin.

Étape 2
Pilez finement les herbes, les pignons et les autres ingrédients (pas encore d'huile ni de fromage !) dans un mortier.

Étape 4
Incorporez délicatement le fromage.

Étape 3
Ajoutez l'huile progressivement tout en mélangeant.

Étape 5
Versez votre pesto dans des pots propres en les remplissant à ras bord.

Étape 6
Couvrez avec un peu d'huile.

CÉRÉALES

CÉRÉALES

Moins évidentes, mais tout aussi appréciables et même belles à regarder. Il existe différentes sortes de céréales d'été et d'hiver, comme l'orge, le blé et le seigle.

L'inconvénient des céréales est qu'elles demandent beaucoup d'espace. Et après la récolte, vous devez passer beaucoup de temps à les battre et à séparer les grains de la paille. Le quinoa, une pseudo-céréale d'Amérique du Sud qui a récemment gagné en popularité, est une bonne alternative. En effet, elle ne contient pas de gluten et présente une haute valeur nutritive. Autre avantage pour les jardiniers en herbe, une petite parcelle de quinoa peut donner une récolte généreuse. Pas besoin d'y sacrifier tout votre jardin. Le quinoa est extrêmement simple à cultiver, c'est même une « mauvaise herbe » qui se propage rapidement. Et cerise sur le gâteau : les oiseaux n'aimant pas le quinoa, vous n'aurez pas besoin de vous encombrer de filets. Lorsque les graines arrivent à maturité (généralement en octobre), coupez les tiges et accrochez-les pour qu'elles sèchent. Ensuite, battez les graines et tamisez-les pour séparer les déchets. Il est nécessaire de bien laver le quinoa plusieurs fois car le grain est couvert d'une substance qui a goût de savon.

Rien ne vous oblige à faire pousser vos céréales vous-même. Vous pouvez en acheter de pleins sacs dans les magasins bio ou chez un grossiste. Il ne vous reste alors qu'à moudre les graines pour en faire de la farine qui sera bien meilleure que celle du supermarché. Les arômes et les composés précieux des céréales s'évaporent rapidement une fois les grains moulus. Utilisez votre farine rapidement et votre pain sera délicieux et plus sain.

La farine ne se conserve pas aussi bien que les céréales. Si vous stockez vos céréales dans un lieu frais (14 °C maximum) et sombre, vous pourrez les conserver très longtemps. La farine se conserve un an tout au plus, et elle se dégrade progressivement. L'avantage de la moudre soi-même, c'est que vous pouvez en faire autant que nécessaire, et ainsi toujours en avoir de la fraîche.

FARINE FAITE MAISON

Il existe toutes sortes de céréales. Le blé, le seigle, l'épeautre et l'orge, par exemple, sont des céréales communes. Vous pouvez moudre votre farine à la main, mais il est beaucoup plus pratique et rapide d'utiliser un moulin à grain. Vous trouverez énormément d'informations sur Internet et certains magasins vendent des moulins à grain. La plupart des robots culinaires offrent un accessoire pour moudre le grain.

INGRÉDIENTS

- *500 grammes d'une céréale au choix*

MÉTHODE :

Versez les céréales que vous avez achetées dans votre moulin. Réglez la finesse de la mouture. Appuyez sur le bouton et laissez la machine faire son travail. Au bout de quelques minutes, vous aurez de la farine et quelques particules plus grosses. Tamisez la farine et utilisez-la rapidement. Si vous utilisez des céréales propres, vous ne devriez avoir pratiquement aucune perte après la mouture et le tamisage.

FAIRE DU PAIN

Un pain frais, chaud et croquant sur lequel le beurre fond... Qui peut y résister ?

Étape 1

Dans un grand saladier, versez la farine, le sel et la levure et mélangez le tout.

INGRÉDIENTS

- *400 ml de lait tiède*
- *500 grammes de farine (biologique)*
- *10 grammes de sel*
- *15 grammes de levure déshydratée*

Étape 2

Ajoutez progressivement le lait tiède et pétrissez jusqu'à obtenir une grosse boule de pâte.

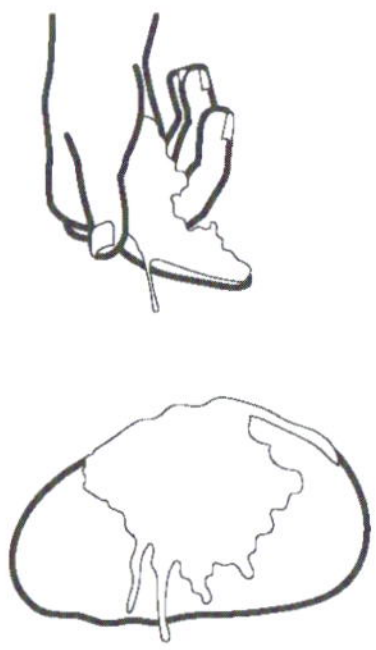

Etape 3

Si la pâte colle, ajoutez un peu de farine et continuez à la jusqu'à ce qu'elle ne colle plus.

Étape 4

Repliez la pâte et pétrissez-la jusqu'à ce qu'elle se détache toute seule de vos mains. Cela peut prendre jusqu'à 15 minutes.

Étape 5

Laissez lever la pâte pendant environ 45 minutes.

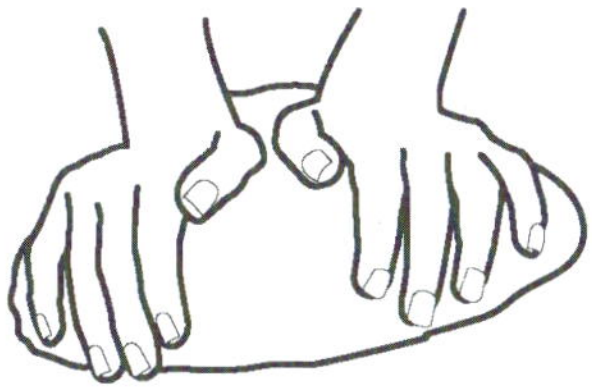

Étape 6

Pétrissez la pâte de nouveau.

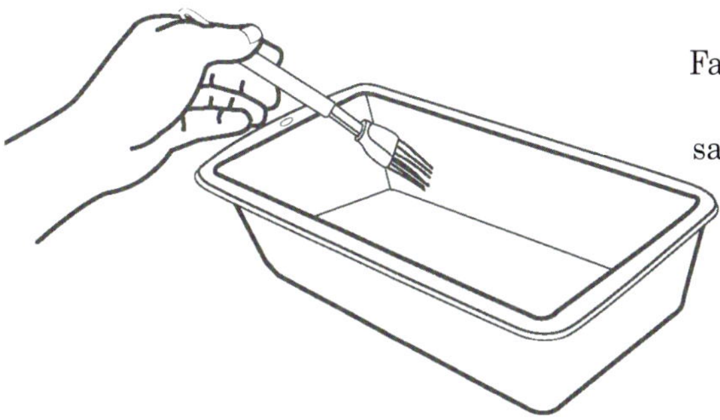

Étape 7

Façonnez une boule de pâte de la longueur de votre moule. Beurrez le moule, saupoudrez-le de farine et déposez-y votre pâte.

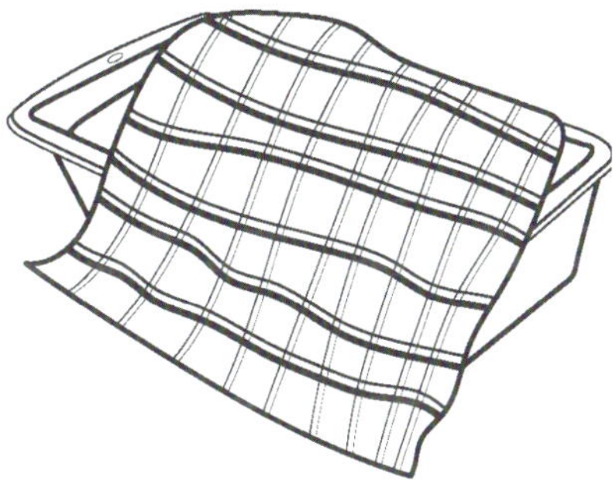

Étape 8

Humidifiez un torchon propre, posez-le sur la pâte et laissez-la lever pendant une demi-heure de plus.

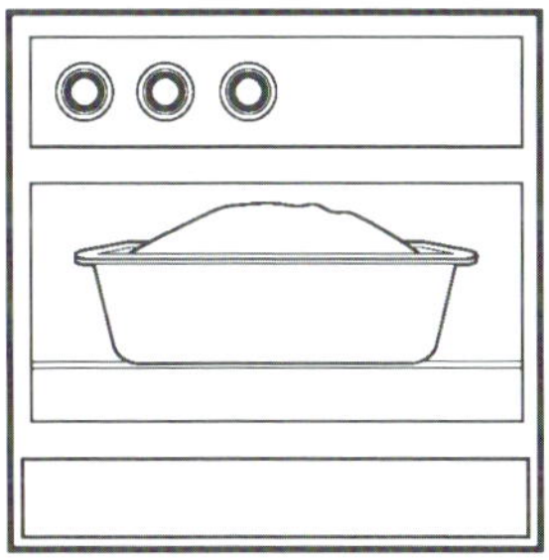

Étape 9

Préchauffez le four à 220 °C. Mettez votre pain au four (un peu en dessous du milieu pour ne pas brûler le dessus). Vous devrez peut-être attendre une heure que le pain cuise, au moins jusqu'à ce que le dessus soit bien doré.

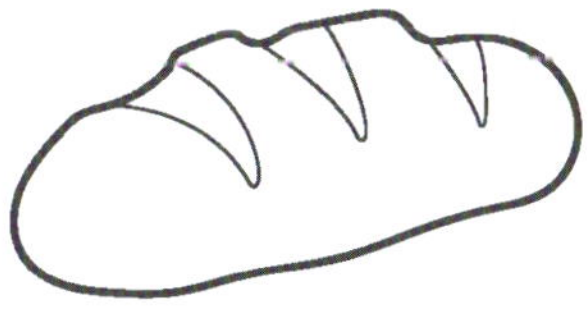

Étape 10

Laissez le pain refroidir pendant 15 minutes et sortez-le du moule.

BRASSER DE LA BIÈRE

Vous n'avez besoin que de quatre matières premières pour brasser votre propre bière : de l'eau, du malt, du houblon et de la levure, et ajoutez à cela des fûts propres.

NÉCESSAIRE :

- *50 litres d'eau*
- *25 kilos de malt*
- *500 grammes de houblon*
- *levure*

Étape 1

Faites bouillir 50 litres d'eau dans une grande bouilloire.

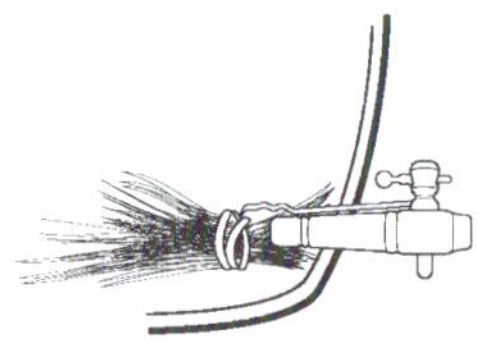

Étape 2

Fabriquez un filtre pour le fond de votre cuve de brassage. Pour cela, attachez une poignée de foin ou de paille à l'aide d'une longue corde. Placez-la au fond de la cuve, sur l'orifice du robinet, et enroulez la corde autour du robinet.

Étape 3

Une fois que l'eau a bouilli, laissez-la refroidir jusqu'à 66 °C. Versez-en la moitié dans votre cuve de brassage.

Étape 4

Versez les 25 kg de malt et le reste de l'eau. Mélangez bien. Placez un torchon propre et une couverture sur le tonneau. Laissez le mélange reposer une nuit.
*Le malt peut s'acheter sur Internet ou dans certains magasins spécialisés.

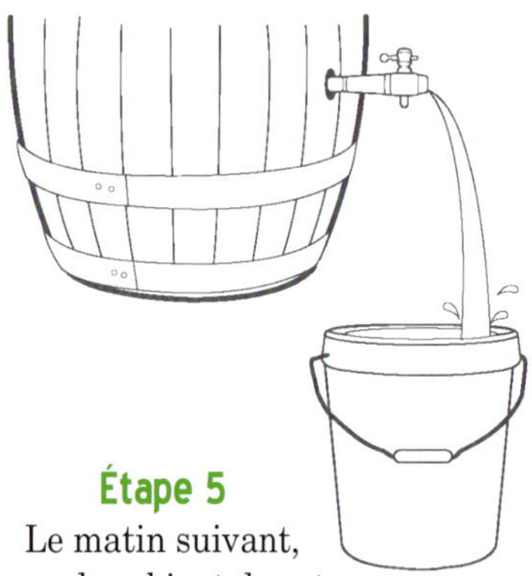

Étape 5

Le matin suivant, ouvrez le robinet de votre barrique et récupérez le moût, comme il s'appelle désormais, dans un saut.

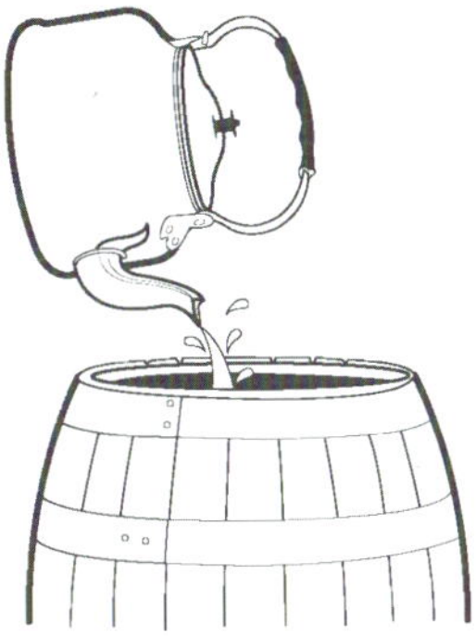

Étape 6

Versez de l'eau bouillante sur la pâte jusqu'à ce que vous ayez 50 litres de moût. (L'eau bouillante est nécessaire pour dissoudre les sucres restants.)

Étape 7

Mettez 500 grammes de houblon dans une taie d'oreiller propre et placez-la dans le moût. Faites cuire le tout pendant une heure. Versez une partie du moût bouillant dans une casserole et faites-la refroidir rapidement dans de l'eau glacée. Une fois que la température du moût atteint 16 °C, vous pouvez ajouter la levure. Faites bouillir le liquide de nouveau. Versez le restant du saut de moût dans la cuve de brassage.

Étape 8

Refroidissez le moût aussi rapidement que possible en plongeant un seau rempli d'eau glacée dans la cuve. Faites attention à ne pas renverser d'eau. Une fois que le liquide atteint 16 °C, versez la casserole contenant le moût et la levure. Mélangez bien, puis couvrez le tout avec un drap et une couverture. Laissez reposer trois jours à une température de 16 °C.

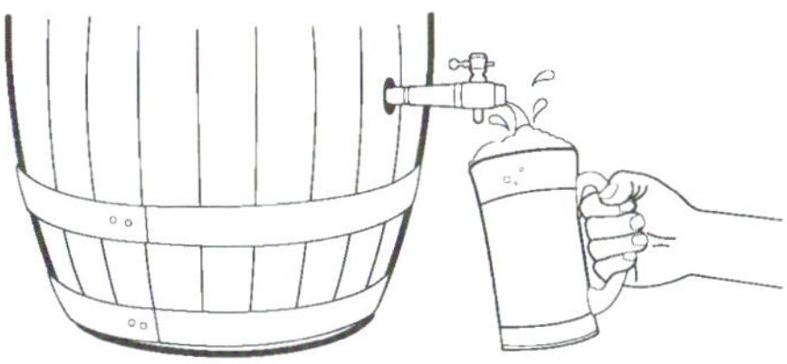

Étape 9

La bière est presque prête. Il ne reste plus qu'à écumer la mousse. Utilisez par exemple une écumoire. Au bout de cinq à huit jours, la fermentation est terminée et vous pouvez boire la bière. Il suffit de laisser un récipient sous le robinet du fût. Afin d'éviter que les sédiments ne se dissolvent de nouveau, évitez d'agiter le fût.

LES

ANIMAUX

LES ANIMAUX

Avoir quelques animaux dans son jardin n'est pas seulement divertissant, cela peut être très profitable. En élevant des poules, des vaches, des cochons, des moutons, des chèvres ou des oies, non seulement vous pourrez vous approvisionner vous-même en viande, mais vous y gagnerez également de la laine, de la fourrure, du cuir et/ou des plumes.

QUELS ANIMAUX ? POUR QUOI FAIRE ?

Cela vaut le coup d'avoir son propre bétail si vous voulez produire beaucoup de choses vous-même. Mais avant de vous inscrire au prochain salon de l'agriculture, instruisez-vous dans ce chapitre pour tout apprendre sur l'élevage de bétail. Commencez par réfléchir à ce que vous voulez produire : des œufs, de la viande, de la laine ?

- œufs
- viande

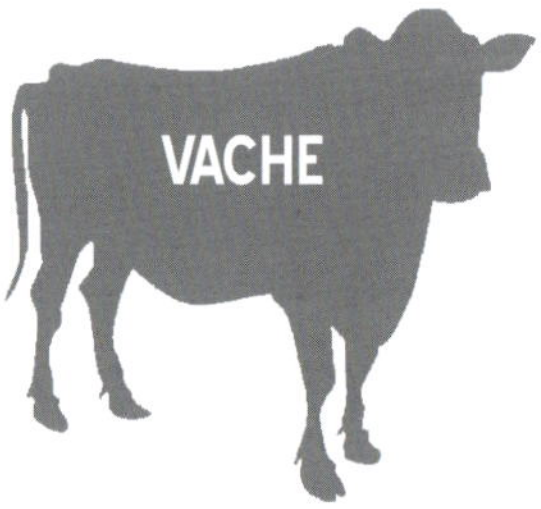

- viande
- lait (et donc du beurre, du fromage, du yaourt, du babeurre, de la crème, etc.)
- peau (cuir)

- viande
- peau
- poils (parfaits pour des pinceaux)

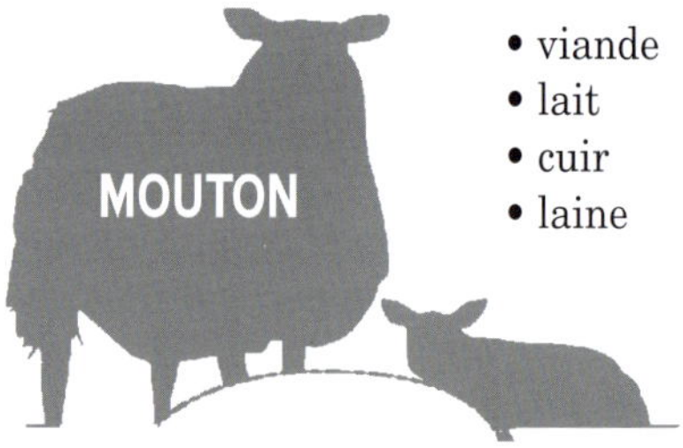

- viande
- lait
- cuir
- laine

- viande
- lait
- cuir
- poil

- viande
- fourrure

- œufs
- viande

BON À SAVOIR :

- Les moutons sont bons pour votre jardin. Avec leurs jambes fines, ils piétinent et retournent la terre. Et ils tondent l'herbe bien rase.

- Les porcs mangent de tout. Des plantes comme de la viande (bien que cela soit déconseillé).

- Un couple de lapins, faisant précisément ce qu'on attend d'eux, peut produire deux cents kilos de viande par an.

- Les oies font aussi office de chien de garde. Au moindre signe d'intrusion, elles sonnent l'alarme. N'oubliez pas de prévenir vos voisins...

- Une vache produit six sauts de bouse par jour, un porc et un veau environ un saut, une poule urine et défèque en même temps et produit l'équivalent d'une grande tasse de thé par jour. Tout ce fumier contribuera à fertiliser votre jardin. Ou à produire votre propre gaz (pour la cuisine par exemple). Mais il se peut aussi que cela soit trop...

- L'élevage de certains animaux, s'il se fait dans le cadre d'une consommation personnelle ou familiale et non à des fins commerciales, est considéré comme un élevage d'agrément. L'élevage d'animaux de basse-cour est soumis à plus de règles que les animaux de compagnie. Bon nombre des règles qui s'appliquent aux éleveurs professionnels s'appliquent également à l'élevage d'agrément. En effet, vos animaux sont sensibles aux mêmes maladies infectieuses. Songez à la fièvre porcine, à la fièvre aphteuse, à la grippe aviaire et autres joyeusetés. Par ailleurs, vous devez déclarer votre élevage d'agrément pour vous conformer aux directives européennes. Pour en savoir plus sur la législation, consultez Legifrance.

- Autre chose à considérer à l'avance : si vous souhaitez consommer votre propre bétail, vous devrez parfois abattre un animal. Et comme vous souhaitez être autosuffisant (ou presque), vous devrez en assumer le coût. Le problème, c'est que l'abattage des animaux est strictement réglementé en France. Le durcissement de la réglementation en raison des épidémies de fièvre aphteuse, d'ESB, de fièvre porcine et de grippe aviaire a poussé bien des petits abattoirs à fermer leurs portes. Heureusement, il reste de nombreux abattoirs centraux dans le pays. La plupart se spécialisent dans l'abattage d'une espèce particulière.

POULES

Si vous n'avez jamais élevé d'animaux de basse-cour, les poules sont un bon début. Elles ne coûtent pas grand-chose et au bout de quatre ou cinq mois, elles pondent déjà des œufs. Vous pouvez élever des poules pour leur viande, pour leur fumier et bien sûr pour leurs œufs. Mais les poules sont également excellentes pour la terre. Elles la retournent, mangent les insectes et les escargots et la fertilisent au passage. Les déjections de poule sont excellentes pour la terre. Les poules sont de très bonnes recycleuses : elles traitent tous les déchets de votre jardin, les plantes mortes et les restes de nourriture. Et il n'y a rien de tel qu'un œuf de poule tout frais. Même les œufs bio du commerce n'arriveront pas à la cheville des vôtres.

ÉLEVAGE

Les poules n'ont pas besoin de beaucoup d'attention. Une ou deux courtes visites par jour devraient suffire à les garder en bonne santé. Chaque matin, vous leur donnez à manger et à boire et ouvrez leur cage pour qu'elles puissent se promener à loisir. Le soir, vous récupérez les œufs dans le poulailler et leur donnez de nouveau un peu à manger. Une poule peut pondre environ 250 œufs par an, mais au bout de deux ans, sa production décline. Vous devez nettoyer le poulailler une fois par semaine. Les poules s'assoient toujours au même endroit, et au bout d'une semaine, la crasse s'accumule.

Il n'est pas nécessaire d'avoir un coq pour les œufs, sauf si vous voulez des poussins. Mais un coq fait beaucoup de bruit et il n'est pas possible d'avoir un coq en liberté dans toutes les municipalités. Vérifiez auprès de votre mairie. Les poules ne sont pas silencieuses non plus ; elles peuvent être très bruyantes lorsqu'elles pondent.

Vous ne le saviez peut-être pas, mais les poules peuvent voler. Si vous ne voulez pas qu'elles s'échappent, vous devrez leur couper les six dernières plumes d'une aile. Cela ne leur fait aucun mal ; comme de se couper les ongles, paraît-il. Après la mue, les plumes repoussent, donc vous devrez les couper de nouveau.

COUPER LES AILES D'UNE POULE

Étape 1
Attrapez la poule et écartez une de ses ailes.

Étape 2
Raccourcissez les six plumes les plus longues avec une paire de ciseaux bien affûtée.

À l'automne, les poules muent. Généralement, elles cessent de pondre, car elles ont besoin de toute leur énergie pour faire pousser de nouvelles plumes. En hiver, les poules pondent moins d'œufs car elles ont besoin de soleil pour pondre. Vous pouvez accrocher une lampe dans le poulailler pour augmenter la production. Vous pouvez aussi les laisser se reposer un peu.

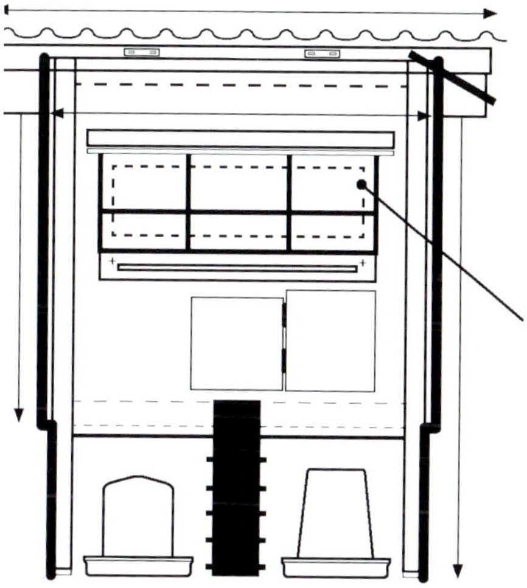

POULAILLER

Les poules ont besoin d'un poulailler pour la nuit et d'un enclos ou d'une volière. Vous devez compter environ deux mètres carrés pour deux ou trois poules. Elles pourront pondre en paix dans le poulailler qui doit également comprendre un coin où elles pourront dormir. Elles prennent des bains de poussière pour rester en bonne santé, donc saupoudrez le sol de votre poulailler de sable. Le poulailler doit être bien ventilé, et vous devez veiller à ce qu'il soit bien fermé la nuit. Les rats et les renards raffolent des poules. Aménagez votre poulailler de sorte qu'il soit facile de le nettoyer et de ramasser les œufs. Veillez à ce que votre poulailler et votre enclos se trouvent dans un coin ensoleillé, car les poules ont besoin de soleil pour pondre. Vous pouvez construire votre propre enclos, qui peut être couvert ou simplement clôturé. Les jardineries vendent souvent des poulaillers préfabriqués avec une volière attachée. Les poules aiment pouvoir se déplacer librement et explorer les environs. Si vous décidez de les laisser en liberté dans votre jardin, sachez qu'elles picoreront absolument tout ce qui s'y trouve.

ALIMENTATION

Changez l'eau de vos poules et nourrissez-les tous les jours. Achetez de la nourriture spéciale pour poules (céréales mixtes) dans une jardinerie ou une animalerie. Vers la fin de l'après-midi, répandez une poignée de céréales par poule dans le poulailler ou l'enclos. En plus de ces céréales, vos poules pondeuses auront également besoin de granulés de ponte, alors veillez à ce qu'elles n'en manquent jamais. Ces granulés incluent tous les nutriments (céréales, vitamines et calcaire) dont la poule a besoin pour poudre de bons œufs et ne pas devenir trop couveuse. Il existe également des aliments qui contiennent à la fois des céréales mixtes et des granulés. Pour finir, les poules aiment aussi la verdure. Quelques déchets du jardin et de l'herbe, par exemple. Ne leur en donnez pas trop, ou les déchets pourriront.

ŒUFS

Pour pondre de superbes œufs, les poules ont besoin d'un bol de grit. Le grit se compose de calcaire broyé et de petits graviers. Ces petites pierres sont nécessaires à la poule pour broyer les céréales dans son estomac. Le calcaire permet d'obtenir une belle coquille solide. Les poules pondent en moyenne six œufs par semaine, et ont une période d'hivernation pendant laquelle elles ne pondent pas. Ramassez les œufs tous les jours, ou vos poules se mettront à couver. Elles resteront assises sur leurs œufs et n'en bougeront qu'une fois par jour. Vous pouvez faire fertiliser les œufs par un coq, et au bout de 21 jours, vous aurez de beaux petits poussins. Changez régulièrement la paille dans le poulailler et vos œufs seront un peu plus propres. Lavez-les dans l'eau chaude lorsque vous souhaitez les manger. Les œufs frais se conservent au réfrigérateur dans une boîte en carton pendant quatre semaines. Notez la date sur les œufs avant de les mettre au frigo. Parfois, vous ramasserez un œuf dont vous ne savez pas depuis combien de temps il a été pondu. Essayez le truc de l'eau froide. Déposez l'œuf dans une casserole d'eau froide : s'il est frais, il coulera au fond. Un œuf frais ne contient pas d'air. Si l'œuf flotte, c'est qu'il est trop vieux pour être consommé.

MAYONNAISE FAITE MAISON

INGRÉDIENTS

- *1 jaune d'œuf, à température ambiante*
- *1 cuillère à café de moutarde de Dijon*
- *1 cuillère à café de jus de citron*
- *± 100 ml d'huile de tournesol ou de maïs*

MÉTHODE :

Séparez le jaune d'un œuf. Mettez le jaune dans un saladier, ajoutez le jus de citron et battez le tout avec la moutarde, le sel et le poivre. Versez de l'huile très délicatement en continuant à battre le mélange. N'en versez pas trop et attendez que l'huile s'incorpore. Lorsque le mélange s'est épaissi et éclairci, ajoutez l'huile par petits traits. Continuez à battre énergiquement pendant cinq minutes, jusqu'à ce que la mayonnaise prenne une bonne consistance. Goûtez-la et assaisonnez au besoin. Une mayonnaise faite maison se garde environ une semaine au réfrigérateur.

POUSSINS

Il n'est évidemment pas nécessaire d'acheter des poules adultes ; vous pouvez aussi acheter des poussins et attendre qu'ils grandissent. Les premiers mois, ils doivent être gardés dans une pièce chaude de votre maison, ou dans le garage s'il y fait assez chaud. Une grande boîte avec des copeaux de bois et une ampoule de 60 watts suffiront amplement. Les premières semaines, la température doit avoisiner les 35 °C. Utilisez plutôt une boîte en plastique qu'en carton, elle sera plus facile à nettoyer. Au bout d'un mois, vous pouvez déplacer les poussins dans un conteneur plus grand et baisser la température à environ 24 °C. Ensuite, vous pouvez réduire la température de 5 °C par semaine, jusqu'à ce qu'il fasse aussi chaud qu'à l'extérieur. Contrôlez la température de la boîte à l'aide d'un thermomètre. Observez les poussins pour déterminer si la température est adéquate : s'il fait trop froid, ils frissonneront, s'il fait trop chaud, ils se replieront dans un coin de la boîte, aussi loin de la lampe que possible. Assurez-vous que les poussins ont toujours de quoi manger et s'abreuver. Il existe des aliments spéciaux pour poussins. Une fois les poules âgées de 20 à 24 semaines, elles commenceront à pondre. Au début, ce sera un peu irrégulier, mais après environ 30 semaines, la plupart des poules pondront deux œufs tous les trois jours. Dans sa première année, une petite poule pondra environ 240 œufs, et lors de la deuxième année, entre 200 et 220. Ensuite, la production déclinera rapidement. Les poules ne dépassent généralement pas les six ans.

POULES ADAPTÉES

Les poules naines peuvent être un excellent choix. La barnevelder et la leghorn sont de bonnes pondeuses.

COMMENT ÉLEVER DES POULES

Étape 1

Mesurez l'espace disponible dans votre jardin. Achetez ou construisez un poulailler, un enclos, et assurez-vous que les poules ont un endroit où s'abriter.

Étape 2

Achetez de la nourriture pour vos poules.

Étape 3

Achetez les poules.

Étape 4

Laissez-les découvrir leur nouvelle maison. Sachez que les poules doivent s'habituer à leur nouveau poulailler et qu'au début, elles pondront moins d'œufs (et de plus petits).

Étape 5

Donnez-leur suffisamment de nourriture chaque jour et quelques déchets de votre jardin ou restes de nourriture (pomme de terre, tranche de pain...). Veillez à ce qu'il n'en reste rien pour les rats et les souris.

TUER UNE POULE

POUR AVOIR UN DÉLICIEUX FILET DE POULET DANS VOTRE ASSIETTE, IL N'Y A PAS TRENTE-SIX SOLUTIONS. SI VOUS NE VOUS EN SENTEZ PAS LA FORCE, NOUS VOUS CONSEILLONS DE CONTINUER À ACHETER VOTRE POULET AU SUPERMARCHÉ…

1

Tout d'abord, vous devez tuer la poule. Pour cela, vous pouvez lui tordre le cou. Attrapez-la par les pattes de la main gauche et saisissez son cou de la main droite. Assurez-vous que votre paume repose sur la nuque de la poule, comme illustré. Tirez vers le bas avec votre main droite tout en tordant le cou vers le haut. Si tout se passe bien, la nuque devrait se briser. Arrêtez-vous là, car autrement vous risqueriez d'arracher la tête tout entière. Vous pouvez également choisir d'assommer la poule avant de la tuer, en lui assénant un coup sur la tête avec le manche d'une hache. Une fois la poule inconsciente, coupez-lui la tête avec la hache et pendez-la par les pieds pour qu'elle se vide de son sang.

2

Plumez la poule tant qu'elle est encore chaude. Rien de bien difficile, il suffit de lui arracher les plumes. Pour vous faciliter la tâche, commencez par ébouillanter la poule. Faites attention à ne pas vous brûler les mains au cours de l'opération.

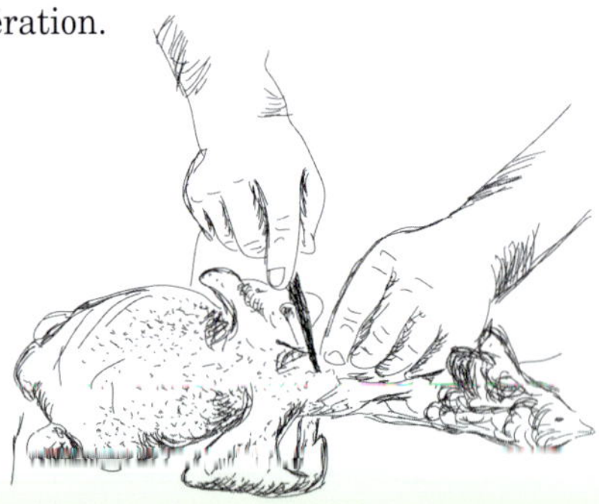

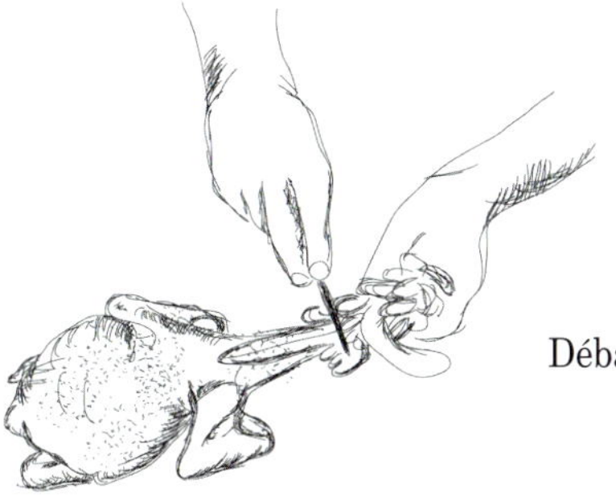

3

Débarrassez-vous de la tête.

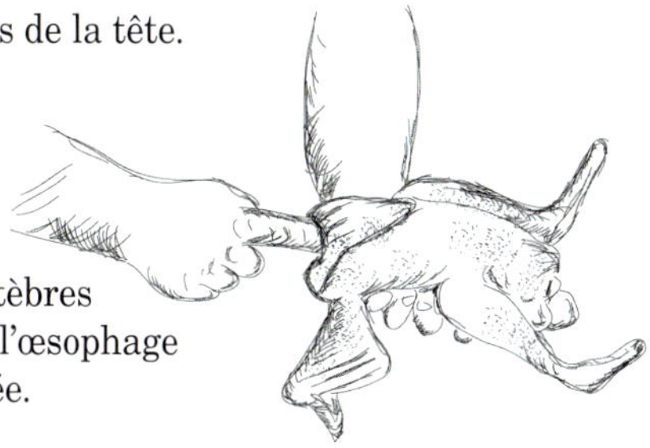

4

Retirez les vertèbres cervicales ainsi que l'œsophage et la trachée.

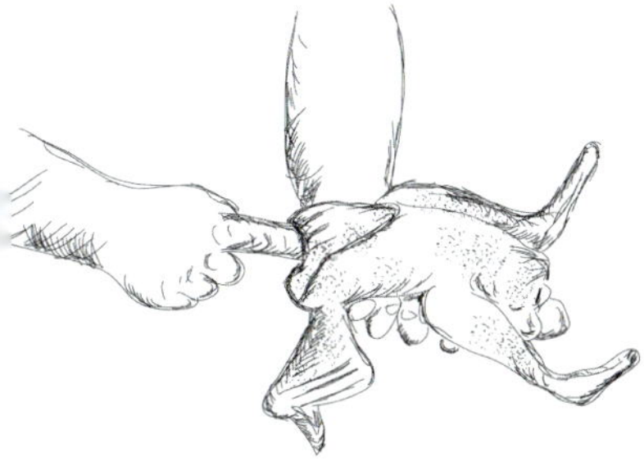

5

Incisez l'anus et videz la poule de ses entrailles.

6

Retirez ensuite le gésier, les poumons et le cœur.

7

Retirez le jabot, la poche qui est attachée à la gorge.

8

Rincez abondamment la poule.

LE BON TRUC !

Laissez la poule reposer un jour au réfrigérateur avant de la manger. En effet, la viande doit parvenir à maturité. Au cours de la maturation, des enzymes libérées après la mort de l'animal travaillent la viande et l'attendrissent.

COCHONS

Les cochons sont des animaux doux et affectueux. Du moins s'ils sont élevés dans de bonnes conditions... Mais une chose est sûre : tout le monde n'est pas capable de les élever et tous les endroits ne sont pas appropriés pour garder des cochons...

ÉLEVAGE

Un cochon bien élevé est un animal doux et affectueux qui aime la compagnie. Vous pouvez beaucoup lui apprendre ; les cochons sont très intelligents. Un cochon peut vivre jusqu'à 15 ou 20 ans. Comme la plupart sont abattus avant d'atteindre ce grand âge, peu de vétérinaires savent s'occuper d'un cochon âgé.

ÉLEVAGE

Le cochon étant un animal de troupeau, vous devez toujours en élever au moins deux à la fois. Un adulte peut peser jusqu'à 400 kilos. Et ne vous y trompez pas : même un cochon nain peut peser plus de 120 kilos ! Les cochons ont besoin de beaucoup d'espace vital, et ils ne se contenteront certainement pas d'un enclos. Un espace en extérieur d'au moins 150 m² par animal n'est vraiment pas du luxe. Cet animal demande beaucoup de soins : vous devez lui parer la corne des onglons deux fois par an et il doit être régulièrement vermifugé et vacciné. Il préfère manger à heure fixe, doit toujours avoir de l'eau potable fraîche et se faire régulièrement enduire de crème hydratante. Et il adore se faire caresser le ventre.

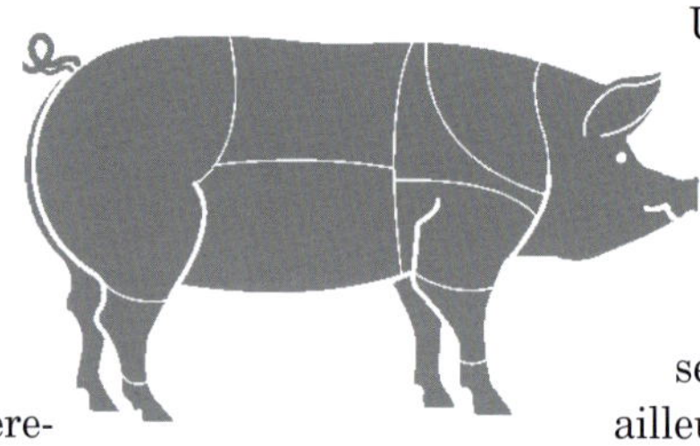

ALIMENTATION

Ne donnez jamais de viande ou de restes de viande à un cochon. Vous risqueriez de répandre la peste porcine. Vous pouvez acheter de la nourriture spéciale pour cochon, mais également lui donner du pain, des carottes, du müesli ou des épluchures de légumes.

ENCLOS

Un cochon doit pouvoir s'abriter du froid et de la chaleur dans un abri sans courant d'air. Il n'a pas de glandes sudoripares, et est donc sensible à la chaleur. Par ailleurs, les cochons à la peau claire peuvent facilement brûler au soleil, et il est donc préférable qu'ils restent à l'ombre. Un cochon a besoin d'un endroit pour faire ses besoins : c'est un animal propre. Il doit pouvoir se déplacer librement à l'extérieur ; il n'est pas bon de le garder exclusivement en intérieur. Il doit pouvoir fourrager, fouiller les déchets et se rouler dans la boue. Bon nageur, il adorera avoir une petite piscine à sa disposition.

FAIRE DES SAUCISSES

UNE SAUCISSE N'EST RIEN DE PLUS QU'UN MORCEAU DE BOYAU FARCI DE VIANDE HACHÉE. AVEC LES BONS INGRÉDIENTS, VOUS FEREZ FACILEMENT VOS PROPRES SAUCISSES.

Vous aurez besoin d'une bonne quantité de viande (d'un animal de votre choix), d'un hachoir et de plusieurs mètres d'intestin de porc, que vous pouvez récupérer sur votre porc. Les bouchers qui fabriquent leurs propres saucisses en vendent parfois. Autrement, vous pouvez par exemple vous adresser à la boyauderie Bert, qui livre même à domicile (www.bertboyaux.com).

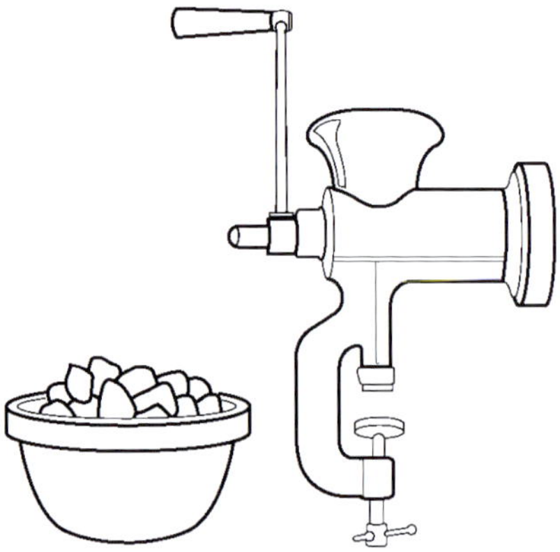

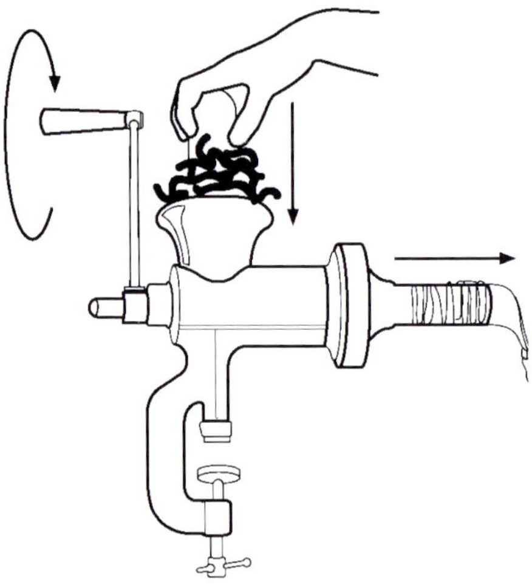

Étape 1

Hachez finement la viande à l'aide du hachoir. Assaisonnez à votre goût.

Étape 2

Accrochez le boyau de porc propre à la grille du hachoir.

Étape 3

Insérez la viande hachée dans le boyau.

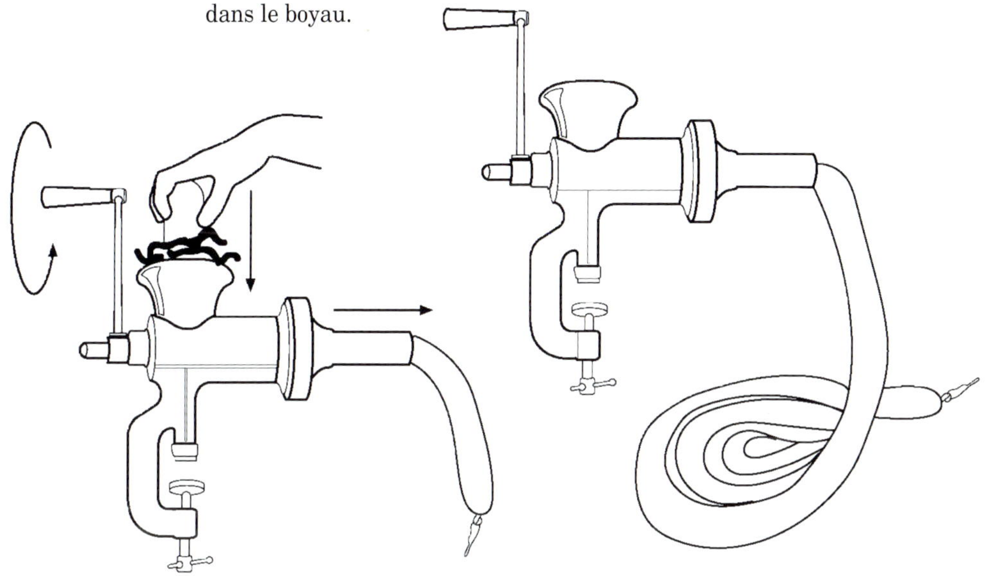

Étape 4

Faites des nœuds à intervalle régulier pour obtenir des saucisses de la bonne taille.

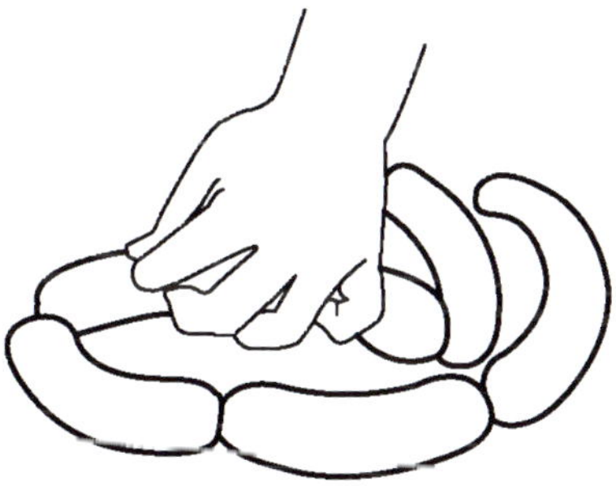

LE BON TRUC !

Vous songez sérieusement à faire des saucisses ? Alors vous devez absolument jeter un œil à www.worstlog.com. Un must pour tous les fabricants de saucisses en herbe. Vous y trouverez des photos du processus de fabrication, des recettes pour divers types de saucisses, des informations sur le fumage et d'autres anecdotes et conseils pratiques.

MOUTONS

Il est plutôt simple d'élever des moutons. En effet, ils mangent de tout et n'ont pas besoin d'un abri très évolué. Pour vous occuper de cet animal, en revanche, vous devrez prendre quelques heures sur votre planning. Par ailleurs, ce sont des animaux de troupeau, donc vous devrez en avoir au moins deux, sans quoi votre mouton sera bien triste. Il est indispensable d'avoir un grand jardin.

Si vous voulez vraiment avoir plusieurs moutons dans votre jardin, nous allons vous montrer ce que cela implique. Si vous souhaitez principalement avoir un mouton pour sa laine et son lait, évitez peut-être de vous lancer dans l'élevage, et dans tous les cas, renseignez-vous auprès d'un élevage local.

ÉLEVAGE

Un mouton apporte de la laine, de la viande, du lait et de la compagnie. Il rend l'usage d'une tondeuse à gazon parfaitement inutile. Et le lait de brebis est particulièrement sain.

ÉLEVAGE

Un mouton a besoin d'un minimum de soins. Ses onglons, notamment, doivent être régulièrement contrôlés. Si le mouton marche sur de l'herbe, les onglons doivent être coupés afin qu'ils ne grandissent pas trop. Demandez conseil à un vétérinaire pour savoir quel est le meilleur moment et la meilleure façon de procéder. Vous devez vermifuger les moutons plusieurs fois par an, selon le pâturage auquel ils ont accès. En effet, les moutons mangent et défèquent au même endroit et attrapent régulièrement des parasites. S'ils ont accès à des pâtures propres, vous n'aurez pas besoin de les vermifuger aussi souvent. Si vous n'avez pas beaucoup d'espace à votre disposition, alors vous devrez vermifuger vos moutons toutes les huit semaines, du mois d'avril jusqu'à la fin octobre (quand les moutons sont en extérieur). Consultez votre vétérinaire pour savoir quels produits utiliser et en quelle quantité.

TONTE

Un mouton porte un épais manteau, et se déplace parfois avec 3 à 5 kg de laine sur le dos. Il doit absolument s'en débarrasser. Autrement, il aura trop chaud, et des poux et autres parasites risquent d'y élire domicile. Les moutons sont généralement tondus aux alentours du mois de mai ou de juin. Tondre un mouton n'est pas de tout repos, et vous verrez quel est le principe à la page 92. Si cela vous paraît trop compliqué, vous pouvez aussi faire appel à un tondeur professionnel. Il est plus simple de tondre un mouton après plusieurs jours de temps sec. Et vous ne devez pas le nourrir pendant 24 heures au préalable. Autrement, il aura l'estomac plein lorsque vous devrez le coucher sur le dos et sur le côté pour le tondre, ce qui risque de lui causer une obstruction intestinale. Après avoir été tondu, le mouton a besoin d'un endroit abrité. Il sera momentanément sensible au froid et aux coups de soleil avec son léger manteau d'été.

TRAITE

Une brebis doit être traite deux fois par jour. À cette occasion, vous pouvez immédiatement vérifier la bonne santé des pis et de la brebis. Les pis ont-ils l'air de bien se porter ? Remarquez-vous des blessures ? Ne vous inquiétez pas si vous trouvez de petits morceaux de laine dans votre lait mais évitez toutefois d'en avoir en la tondant autour des pis, surtout si vous voulez faire du fromage.

Le fromage de brebis se prépare comme avec du lait de chèvre (voir page 108). Vous pouvez traire la brebis en pinçant les pis entre le pouce et l'index et en tirant dessus ; c'est ce que l'on appelle traire « à la pincée ». Vous pouvez également traire à pleine main, comme nous le verrons dans l'atelier « lait de chèvre » à la page 108. Cette dernière méthode est légèrement préférable, car vous risquez moins d'endommager les trayons. Vous pouvez traire un pis ou deux à la fois, cela importe peu. Veillez à avoir les ongles courts pour ne pas égratigner les mamelles.

Faire son propre fromage de brebis demande du travail, mais c'est un travail plutôt gratifiant. Cela se fait comme du fromage de chèvre (voir page 110).

ALIMENTATION

L'estomac d'un mouton est divisé en quatre compartiments : la panse (rumen), le bonnet (réticulum) et le feuillet (omasum) forment le préestomac, et la caillette (abomasum) constitue l'estomac à propos parler ; c'est là que la nourriture est digérée par les sucs gastriques. Les moutons mangent de l'herbe et de la paille, des feuilles ct des brindilles. Vous devez faire attention à ne pas leur donner de plantes toxiques, comme de l'herbe de Saint-Jacques ou de l'if. D'autres plantes sont toxiques pour les moutons : la fougère-aigle, la berce, les glands, la cigue, le cytise, le lierrc, le laurier-cerise, le datura, l'andromède du Japon, le rhododendron, le millepertuis, la digitale et l'euphorbe ésule. Les moutons risquent même de mourir s'ils consomment ces plantes. Le pain et les déchets végétaux conviennent parfaitement à leur alimentation. Les croquettes pour mouton sont à donner uniquement à une brebis enceinte ou en mauvaise santé. Un bloc de minéraux peut être une bonne idée, et bien sûr, de l'eau fraîche tous les jours.

ENCLOS

Les moutons tolèrent bien le froid et l'humidité. Après tout, ils portent un gros manteau de laine. Assurez-vous que l'étable est bien aérée et que leur manteau est bien sec lorsque vous les rentrez, sans quoi l'air sera humide et les moutons risquent d'attraper une pneumonie.

RACES OVINES

Il existe de nombreuses sortes de moutons, chacune ayant ses propres caractéristiques. Certains moutons produisent une laine spéciale, d'autres races sont principalement élevées pour leur viande ou leur lait. Il existe également des races qui sont élevées uniquement pour brouter la bruyère. Assurez-vous que vous disposez de toutes les informations sur la race et sur son entretien avant d'acheter vos moutons.

TONDRE UN MOUTON

AUTREFOIS, LES MOUTONS ÉTAIENT TONDUS AU CISEAU. CE N'EST PLUS LE CAS AUJOURD'HUI, CAR IL EST BEAUCOUP PLUS RAPIDE D'UTILISER UNE TONDEUSE. MAIS MÊME AVEC CET OUTIL LA TONTE N'EST PAS SI SIMPLE. LE MIEUX EST DE SE FAIRE AIDER PAR UN TONDEUR EXPÉRIMENTÉ LA PREMIÈRE FOIS, OU DE SUIVRE UNE FORMATION.

Étape 1

Le plus simple est d'allonger l'animal sur le côté et de placer le genou sur son cou pour l'empêcher de bouger. (Quelqu'un peut éventuellement vous aider en tenant les jambes de la bête. Vous pouvez également lui attacher les jambes, mais il n'est pas strictement nécessaire d'attacher l'animal.)

Étape 2

Commencez par tondre la queue, puis la partie inférieure de l'animal, des pattes arrière jusqu'aux pattes avant et en restant à l'écart de la colonne vertébrale autant que possible.

Étape 3

Retirez votre genou du cou de l'animal et soulevez-lui la tête (jusqu'à ce que l'épaule se soulève du sol), et en gardant la tête dans une main, tondez l'autre côté du cou et de l'épaule en allant aussi loin que possible.

Étape 4

Retournez le mouton, remettez un genou sur le cou, puis rasez l'autre côté de l'avant vers l'arrière.

Étape 5

Enfin, faites « asseoir » votre mouton, puis rasez-lui le ventre et coupez-lui les griffes.

LE BON TRUC !

Prévoyez du désinfectant (spray bleu pour animaux), car vous risquez fortement de taillader votre mouton.

LE BON TRUC !

Surtout, n'oubliez pas de lubrifier le rasoir ! Trempez votre appareil dans un récipient contenant du diésel, et passez de l'huile pour machine à coudre sur la lame.

FILER LA LAINE

Un mouton produit une toison d'environ cinq kilos de laine. C'est un véritable manteau de fourrure que vous allez devoir démêler avant de pouvoir filer la laine ; c'est ce que l'on appelle le cardage. Peignez la laine avec des cardes à main, et une fois que vous avez démêlé la laine, vous pouvez commencer à la filer. Vous pouvez également sauter cette étape et acheter de la laine déjà lavée.

FILER LA LAINE

FABRIQUER DE LA LAINE À PARTIR D'UNE TOISON A QUELQUE CHOSE DE MAGIQUE, ET CELA NE DEMANDE RIEN DE BIEN COMPLIQUÉ. JUSTE UN PEU D'ENTRAÎNEMENT.

1

Le premier point d'attache est une simple boucle que vous faites autour de l'axe de la bobine.

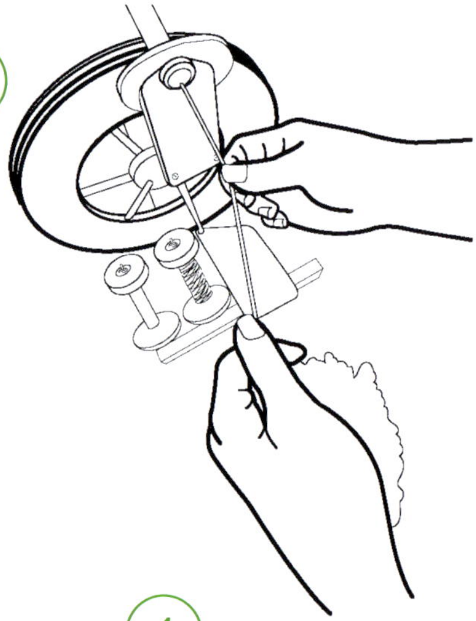

2

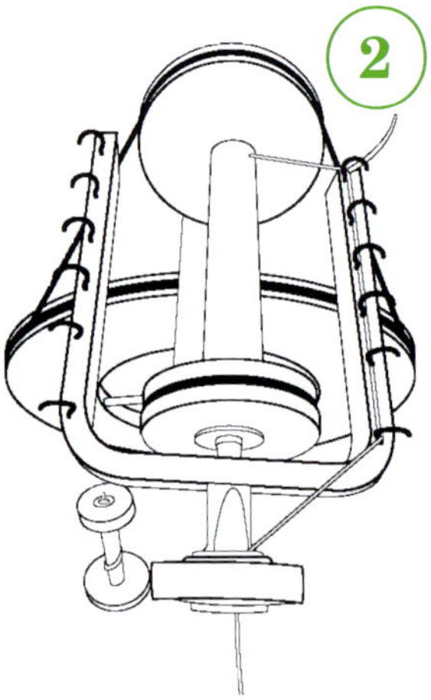

Faites passer le fil ainsi attaché à la bobine par le dernier crochet de l'épinglier et à travers l'orifice du rouet.

3

La main gauche est votre main fileuse, la main droite tient la laine et la fait avancer. Voici la meilleure méthode pour filer : la main gauche, proche du rouet, guide le fil ; la main droite tient la laine fermement au-dessus de la jambe droite. Si vous essayez de filer avec la main droite, le haut de votre corps devra se contorsionner sans cesse, ce qui finit par être épuisant.

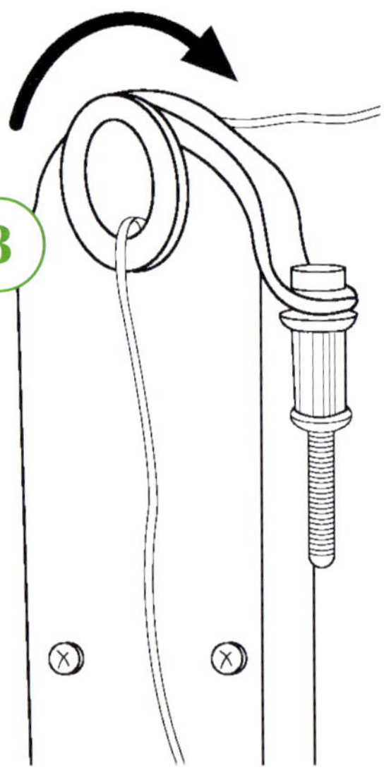

4

Assurez-vous que votre roue tourne vers la droite, et essayez de garder le fil sous tension autant que possible. Si le fil ne s'enroule pas assez vite et que la laine s'effiloche, vous pouvez tendre légèrement votre courroie à l'aide de la vis de tension. Si la laine est tirée trop fort, vous pouvez la desserrer un peu. (Tous les modèles n'étant pas égaux, il se peut que votre rouet comporte un type de mécanisme différent.)

5

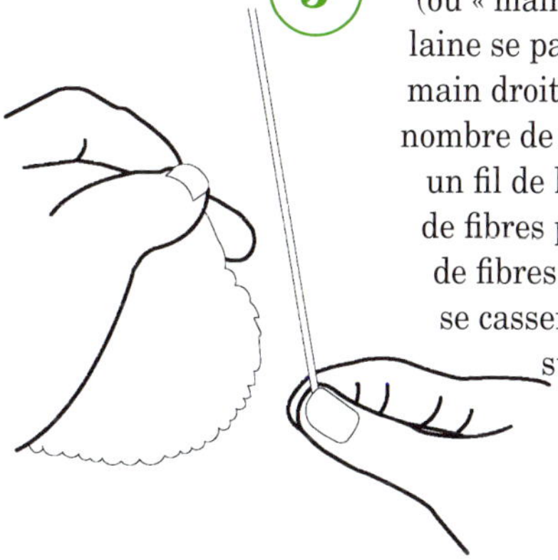

La main gauche est donc la main fileuse (ou « main d'en haut »), et le filage de la laine se passe entre la main gauche et la main droite. La main droite détermine le nombre de fibres nécessaires pour obtenir un fil de la bonne épaisseur. Beaucoup de fibres produiront un fil épais, et peu de fibres donneront un fil plus fin qui se cassera plus facilement (ce qui ne surprendra personne).

6

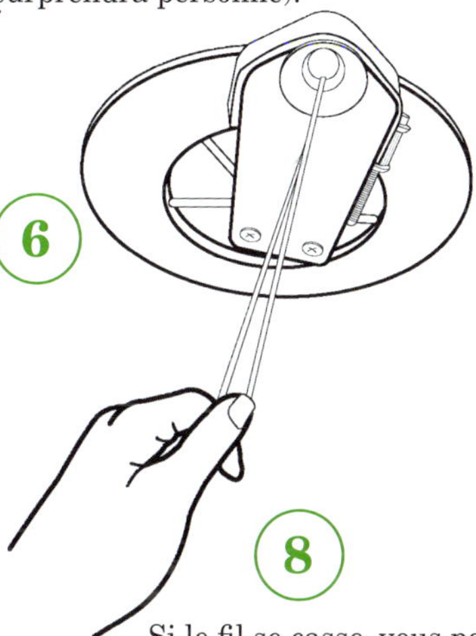

L'épinglier du rouet vrille les fibres, et le fil ainsi créé vient s'enrouler sur la bobine.

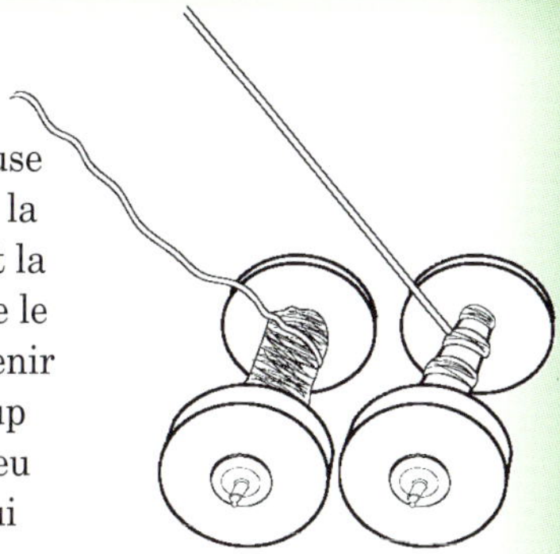

7

Il est important de s'assurer que le mouvement rotatif n'entraîne pas toutes les fibres d'un coup ; vous devez pour cela pincer et retenir le fil entre le pouce et l'index de la main gauche.

8

Si le fil se casse, vous pouvez le rattacher comme ceci : prenez une mèche de laine très fine. Attrapez le fil cassé de la main gauche, et les fibres démêlées de la main droite. Placez ces dernières perpendiculairement au fil en rotation, à 8-10 cm de l'extrémité. Les nouvelles fibres seront naturellement incorporées au fil existant. Une fois que vous avez filé deux pleines bobines de laine, vous pouvez assembler les deux brins ensemble en faisant tourner la roue dans le sens inverse : c'est ce que l'on appelle le retors.

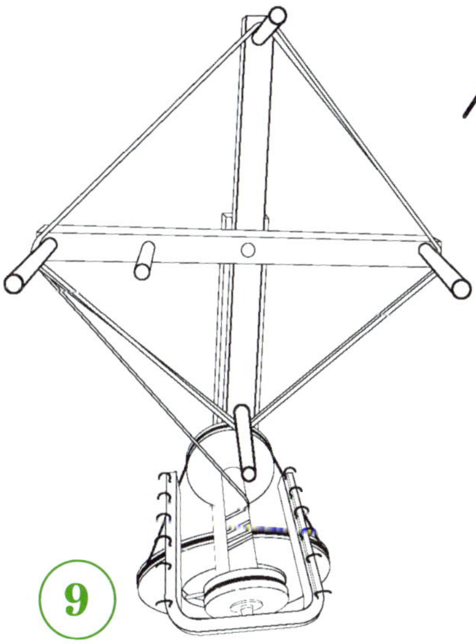

9

Les brins sont à nouveau fixés au fil d'une bobine vide. Tenez un brin dans chaque main ou laissez le fil glisser entre deux doigts et laissez-le s'enrouler autant que nécessaire. Si la bobine est pleine, ou si vous n'avez plus de laine, la laine est enroulée.

10

Pour finir, nouez, lavez et faites sécher la laine. Pas au soleil ni sur le chauffage...

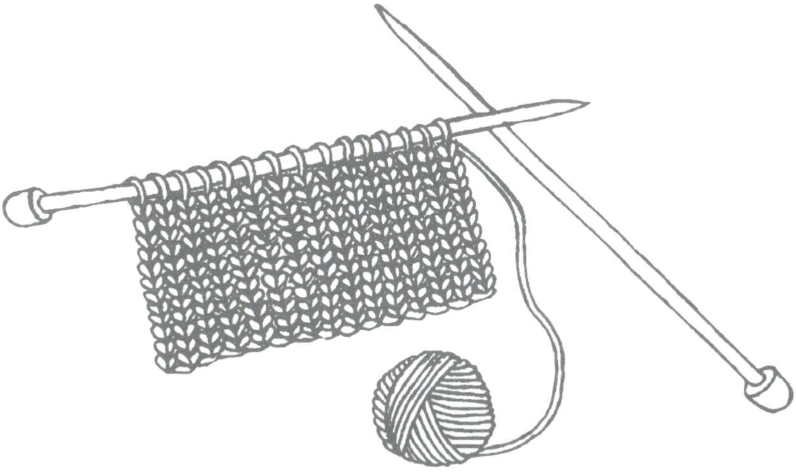

TRICOT

Tricoter, ce n'est pas si difficile que cela en a l'air. De quoi avez-vous besoin ? Deux aiguilles à tricoter, une pelote de laine et un peu de persévérance. Asseyez-vous, insérez une aiguille sous votre bras, ou plutôt sous votre aisselle, bloquez-la avec le bras, puis attrapez le bout du fil de la pelote. Lisez le patron que vous souhaitez reproduire, et voyez combien de mailles vous devez monter sur l'aiguille pour commencer. Tirez un long morceau de fil de la pelote, de sorte à avoir trois fois la largeur de ce que vous voulez tricoter. Pour un pull, par exemple, vous aurez besoin d'environ deux mètres.

TECHNIQUES DE TRICOT

TRICOTER EST PLUS FACILE QU'IL N'Y PARAÎT. ATTRAPEZ DEUX AIGUILLES, DE LA LAINE, ET LANCEZ-VOUS !

LA MAILLE ENDROIT

1

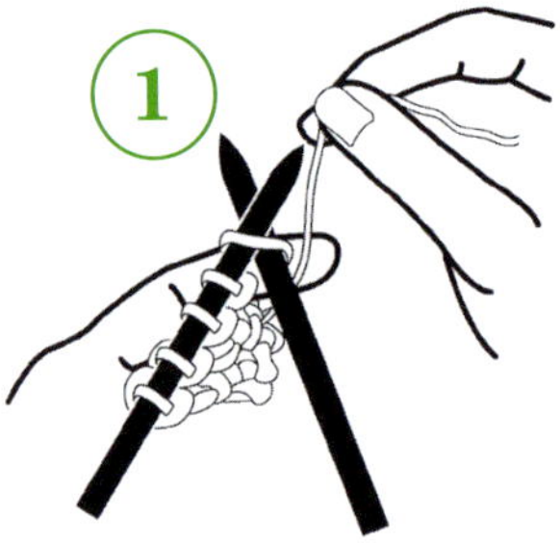

Attrapez l'aiguille avec le premier rang de mailles dans votre main gauche et l'autre aiguille dans la main droite (si vous êtes droitier). Piquez l'aiguille de droite dans la première maille de l'aiguille de gauche en passant en dessous de celle-ci.

2

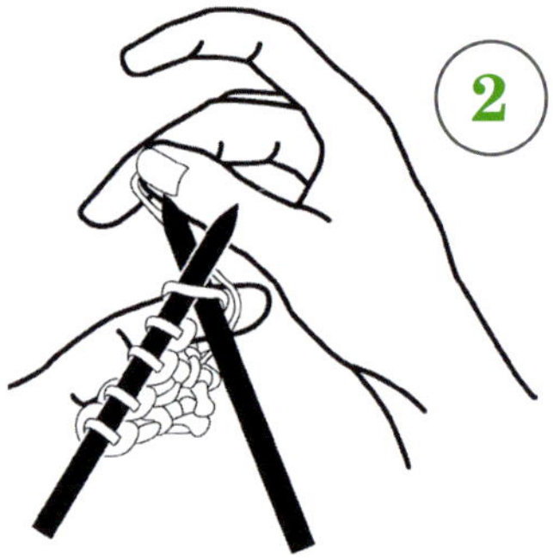

Attrapez le fil et faites-le passer par-dessus l'aiguille droite.

3

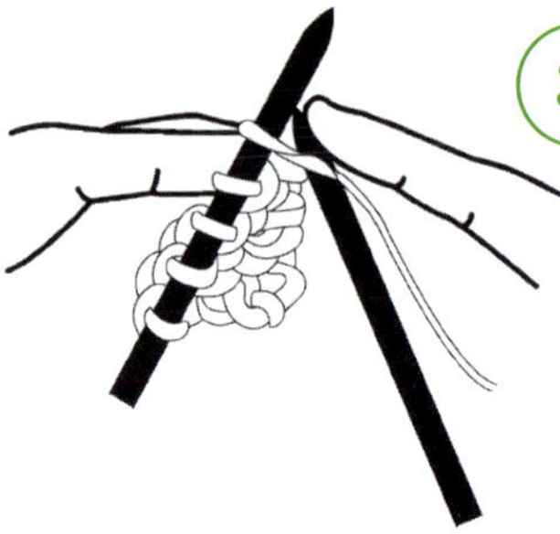

Repassez l'aiguille sous le fil…

4

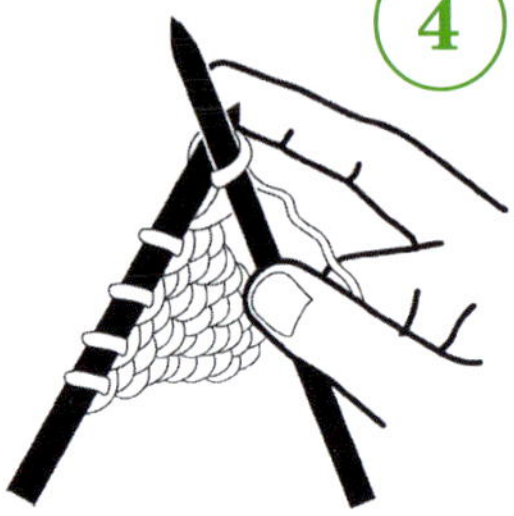

et faites glisser la maille vers la pointe de l'aiguille gauche.

Et voilà : vous avez tricoté votre première maille. Elle se trouve maintenant sur l'aiguille droite. Répétez l'opération jusqu'à avoir fait un rang complet. Félicitations !

LA MAILLE ENVERS

Assurez-vous d'abord que le fil se trouve devant l'aiguille droite. Les mailles à tricoter se trouvent à gauche. Piquez l'aiguille droite dans votre première maille, de bas en haut.

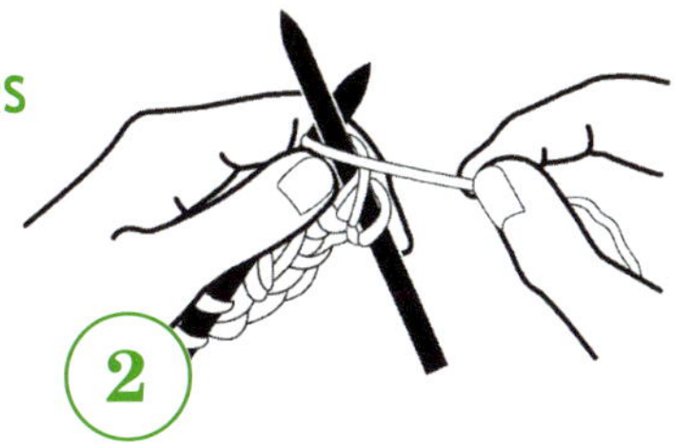

Enroulez le fil de la pelote autour de l'aiguille droite.

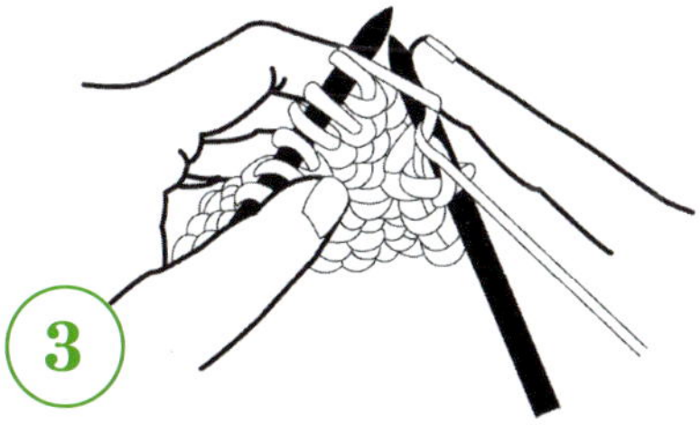

Passez ensuite l'aiguille sous le fil pour faire glisser la maille de l'aiguille gauche vers l'aiguille droite.

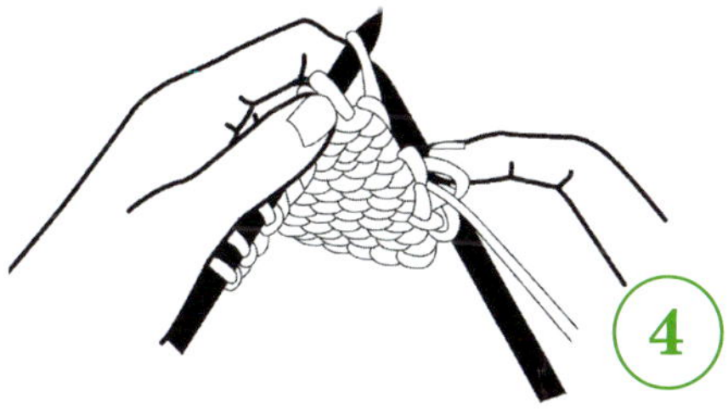

Et voilà, vous avez tricoté votre première maille envers. Persévérez et procédez ainsi jusqu'à la fin du rang.

LES CÔTES

Les côtes servent à tricoter le rebord des manches d'un pull. Elles consistent à alterner sur un même rang maille endroit et maille envers, puis à inverser les mailles endroit et envers au rang suivant. Cette technique est pratique pour les cols en raison de l'élasticité du tricot obtenu. Vous pouvez alterner les mailles une à une ou deux par deux voire trois par trois…

RABATTRE LES MAILLES

Lorsque vous avez fini de tricoter une partie de votre ouvrage, vous devez rabattre vos mailles. Commencez par tricoter à l'endroit les deux premières mailles de l'aiguille gauche. Puis faites passer délicatement la première maille sur la seconde et ainsi de suite ! À la dernière maille, coupez le fil en gardant une longueur d'environ 15 cm, et faites-le passer dans celle-ci.

AUGMENTATIONS ET DIMINUTIONS

La plupart des patrons sont rarement des vêtements rectangulaires, mais doivent varier en largeur pour obtenir une certaine forme. Et puisqu'on ne peut pas couper un tricot, il faut donc le tricoter à la forme voulue. Pour cela, vous pouvez augmenter ou diminuer le nombre de mailles sur un rang. C'est très simple : pour une diminution, par exemple, il suffit de tricoter deux mailles en une. Pour une augmentation, commencez par tricoter une maille endroit, mais ne la laissez pas tomber de l'aiguille. Tricotez alors une maille envers, et ensuite seulement faites glisser le fil au bout de l'aiguille. Ainsi, vous obtiendrez deux mailles à partir d'une seule.

PULL-OVER FAIT MAISON

ET MAINTENANT, TRICOTONS UN PULL ! NOUS AVONS CONÇU UN PATRON POUR UNE TAILLE 38-40

NÉCESSAIRE :
- *laine*
- *aiguilles à tricoter*
- *paire de ciseaux*

LE BON TRUC !

Mailles : m

Rang : rg ou rgs

* taille des aiguilles : 3 ½

ÉCHANTILLON
Montez 22 mailles et tricotez 30 rangs, avec des aiguilles de 3 ½ = 10 × 10 cm. Faites un essai. Vous devez obtenir un morceau de 10 × 10 cm. Si ce n'est pas le cas, utilisez des aiguilles plus petites ou plus grandes.

LES CÔTES
Tricoter deux mailles endroit, puis deux mailles envers et inverser au rang suivant

POINT JERSEY
Un rang endroit et un rang envers.
Voici ce à quoi le pull devrait ressembler :

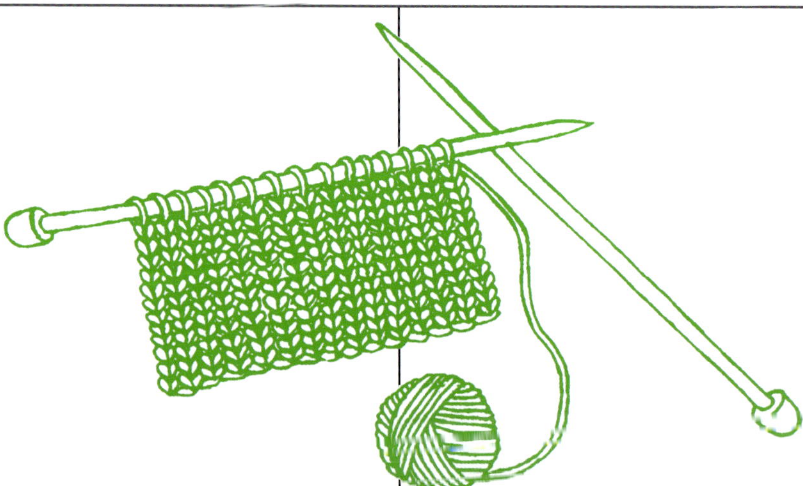

DOS

Montez 110 mailles à l'aide d'une aiguille n° 3 et tricotez des côtes sur 8 cm (deux mailles endroit, deux mailles envers). Continuez en jersey, soit un rang endroit, un rang envers. Vous aurez fini lorsque vous aurez atteint une hauteur totale de 58 cm. Vous pouvez alors rabattre les mailles. Nous ne faisons pas de tour de cou séparé, mais nous laissons simplement une ouverture pour le cou.

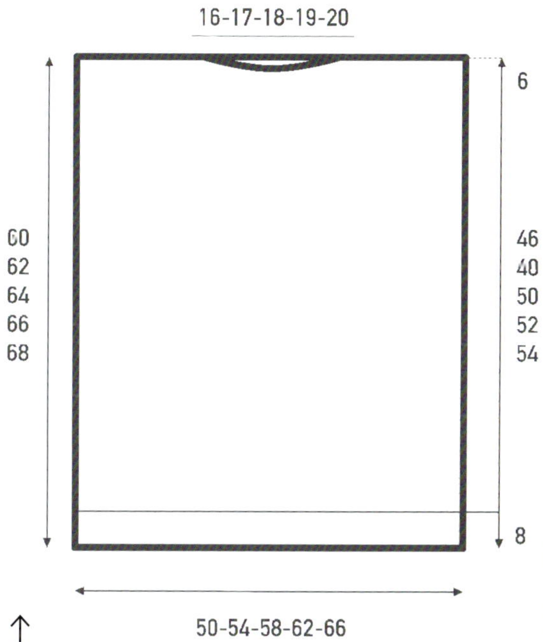

DEVANT

Tricotez le devant comme le dos, donc montez 110 mailles et rabattez-les quand vous avez tricoté 58 cm.

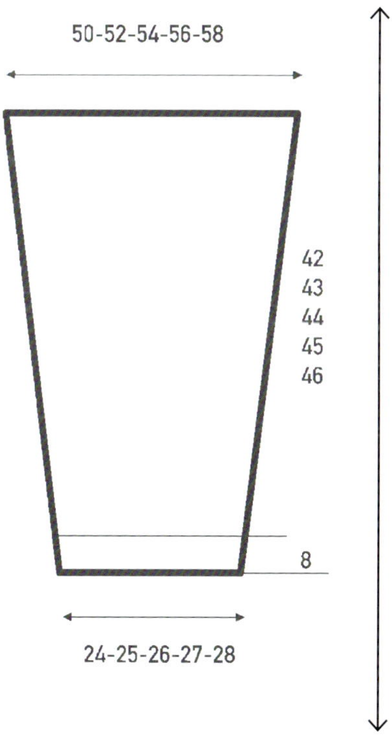

MANCHES

Montez 56 mailles avec des aiguilles n° 3 et tricotez 8 cm en côtes (deux mailles endroit et deux mailles envers). Continuez au point jersey. Augmentez tous les quatre rangs, 29 fois une maille, pour arriver à 114 mailles. Quand vous avez une longueur de 51 cm, rabattez les mailles.

FINITION

Fermez les épaules en utilisant une aiguille à pointe à boule avec la laine que vous avez utilisée pour tricoter. Mettez les pièces à l'envers l'une sur l'autre et cousez un joli point sur le côté endroit. Laissez l'ouverture souhaitée pour la tête et le cou. Cousez les manches au corps, et fermez les coutures des manches.

CHÈVRES

Avoir une chèvre dans son jardin n'est pas de tout repos. Une chèvre demande beaucoup d'attention. Si vous voulez avoir une chèvre pour son lait, sachez que vous devrez la traire deux fois par jour. Avant d'acheter une chèvre, il peut être bon de s'adresser à un éleveur pour mieux savoir dans quoi vous vous embarquez. Si vous voulez élever une chèvre principalement pour son lait, il existe d'autres moyens pour s'en procurer. Vous pouvez toujours contacter un élevage de chèvres. Vous pourrez y acheter du lait de chèvre frais et du fromage. Bien sûr, vous pouvez aussi faire votre propre fromage de chèvre. Et c'est beaucoup plus amusant.

ÉLEVAGE

Peu d'animaux sont aussi divertissants qu'une chèvre. Une chèvre domestiquée peut être aussi sociale qu'un chien. Les chèvres sont amicales et douces. Ou du moins, si vous n'essayez pas de faire quelque chose qui ne leur plaît pas. Le lait de chèvre est délicieux, sain et beaucoup plus facile à digérer que le lait de vache, et il peut être transformé en beurre et en fromage. Et en prime, les chèvres vous tondent le gazon.

ÉLEVAGE

Comme nous l'avons déjà dit : les chèvres demandent beaucoup d'attention. Elles ont besoin d'un abri, de nourriture et d'eau, et d'une grande liberté de mouvement. Un petit jardin de ville est beaucoup trop petit pour une petite chèvre. Même une chèvre naine a besoin de gambader. Pour une chèvre naine, vous devez compter un minimum de 50 mètres carrés. Les chèvres doivent être traites deux fois par jour : matin et soir. Tout bien considéré (en incluant le nettoyage de l'abri et le nourrissage), vous devrez passer deux heures et demie à vous occuper de vos chèvres chaque jour. Oubliez les petits week-ends spontanés. Vous devrez vous assurer que votre baby-sitter sait exactement ce qu'il ou elle doit faire.

ALIMENTATION

Les chèvres ne mangent pas de tout. Cependant, elles aiment toutes sortes de plantes, le foin et les céréales. La luzerne passe comme un petit pain. Il ne leur suffira pas de manger de l'herbe. Au printemps et en été, donnez-leur du foin le matin, et au moins deux fois par jour en automne et en hiver. Elles doivent toujours avoir suffisamment d'eau.

BERGERIE

Les chèvres ont horreur de l'humidité. Elles doivent pouvoir s'abriter du vent, de la pluie, du soleil, de la grêle et de la neige. Elles ne sont pas folles : une chèvre humide peut attraper une pneumonie et en mourir. Veillez à ce que leur abri soit bien isolé et qu'il y ait suffisamment de paille ou de sciure de bois au sol pour absorber l'urine. Le sol de l'abri doit être en béton ou en terre. Si le sol est en bois, vous devrez nettoyer régulièrement, sans quoi des bactéries s'installeront dans le

bois. Un abri pour une chèvre doit faire au moins cinq mètres carrés.
Assurez-vous que la porte de votre bergerie ferme bien. Les chèvres sont connues pour leurs tours de prestidigitation à la Houdini ; une seconde de distraction, et elles filent en douce. Elles adorent grimper, alors laissez-leur quelques troncs d'arbre. Souvenez-vous que les chèvres grignotent tout ce qu'elles trouvent. Il n'est donc pas conseillé de faire sécher son linge dans leur abri...

SALLE DE TRAITE

Il est très simple de traire une chèvre, mais il vous faudra un peu de temps avant de maîtriser la technique. Attendez-vous à y passer une ou deux semaines avant d'être capable de traire votre chèvre en toute tranquillité. Il est préférable d'avoir un espace séparé pour traire la chèvre. L'endroit idéal est propre, sans poussière ni insectes. Vous devez pouvoir nettoyer facilement le sol. Un tabouret de traite facilite grandement le travail. Plus simple encore, laissez la chèvre grimper sur une plateforme pour être à portée de ses pis. Donnez-lui des céréales à manger et faites en sorte que vous ayez fini de la traire quand elle a fini de manger. Il y a de grandes chances pour qu'elle n'ait plus envie de se laisser traire après avoir fini de manager.

RACES CAPRINES

Plusieurs races se portent bien dans les fermes de ville. Parmi les races de chèvre naine populaires, on compte : l'alpine, l'oberhasli, la saanen, la toggenbourg, la mancha et la nubienne. Les chèvres étant des animaux sociaux, vous devrez en acheter au moins deux. Les chats et les chiens ne font pas bon ménage avec les chèvres. Veillez à acheter vos chèvres auprès d'un éleveur réputé. Vérifiez que les animaux ont l'air sains, et demandez à connaître leur histoire de famille. Quel était le tempérament du père et de la mère ? Combien de lait produisait la mère ? Les jambes doivent être droites, les dents saines, les yeux brillants et la fourrure propre. Vérifiez que les sabots ne sont pas infectés. Faites-vous accompagner de quelqu'un qui s'y connaît et choisissez deux belles petites chèvres.

TRAIRE UNE CHÈVRE

UNE CHÈVRE SE TRAIT COMME UNE VACHE. ET COMME IL EST FORT PROBABLE QUE VOUS N'AYEZ JAMAIS FAIT NI L'UN, NI L'AUTRE, VOICI UN PETIT COURS SUR LA TRAITE DES CHÈVRES.

Étape 1
Lavez l'arrière-train des chèvres afin qu'aucune saleté ne puisse contaminer le lait.

Étape 2
Lavez les pis et les trayons des chèvres à l'eau chaude. Séchez-les avec une serviette et massez-les. Donnez à manger à la chèvre.

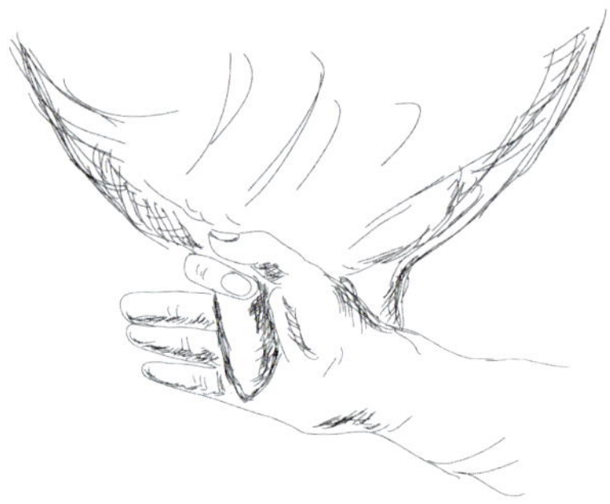

Étape 3
Asseyez-vous sur un tabouret à côté de la chèvre et attrapez l'un des deux pis de devant dans votre main.

Étape 4

Pincez délicatement la partie supérieure du trayon entre votre pouce et votre index, de sorte que le lait contenu dans le trayon ne puisse pas remonter dans le pis.

Étape 5

Tout en continuant à pincer avec votre pouce et votre index, pressez avec vos trois doigts restants pour faire sortir le lait.

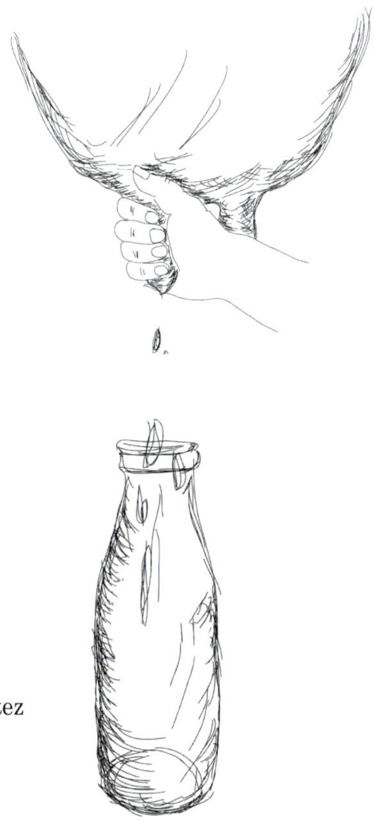

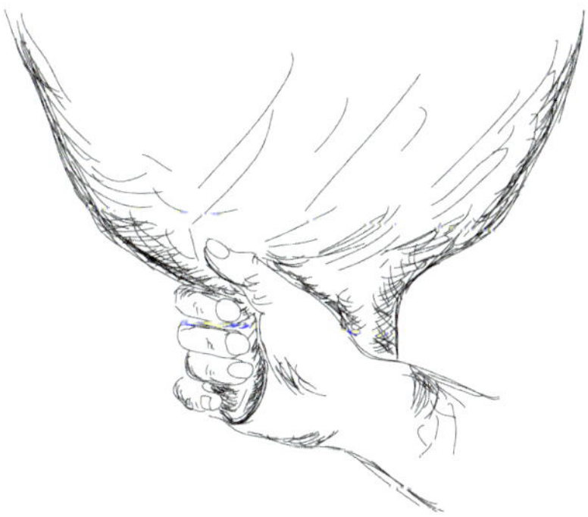

Étape 6

Relâchez le trayon et répétez les étapes 4 à 6.

FAIRE DU FROMAGE

FAIRE SON PROPRE FROMAGE DE CHÈVRE, RIEN DE PLUS SIMPLE ! ET LE FROMAGE FAIT MAISON EST TOUJOURS LE MEILLEUR.

INGRÉDIENTS
pour 100 grammes de fromage de chèvre doux
- *1 l de lait de chèvre*
- *1 dl de babeurre (biologique)**
- *sel*
- *ciboulette*

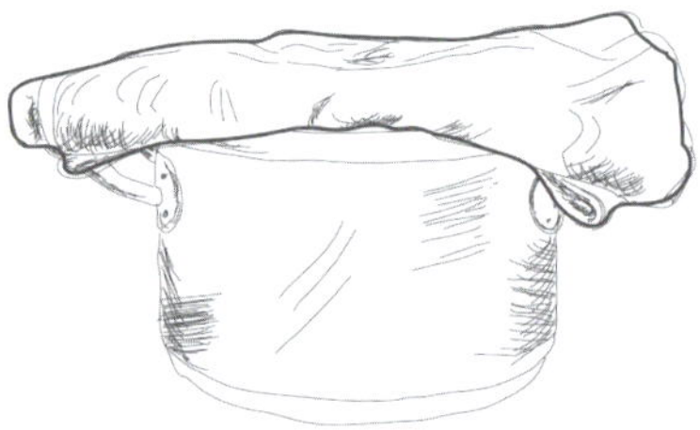

Étape 1

Mélangez le babeurre et le lait de chèvre et chauffez-les à 25 °C.

Étape 2

Laissez reposer 24 heures. Le mélange doit rester chaud, placez par exemple une couverture par-dessus.

Étape 3

Retirez la couverture au bout de 24 heures. Si tout s'est bien passé, le mélange a commencé à se séparer, et contient des morceaux plus solides.

LE BON TRUC !

* Le babeurre est nécessaire pour faire cailler le lait et pour que le mélange s'épaississe. Si votre lait ne caille pas avec du babeurre, vous pouvez essayer avec de la présure. Ajoutez une goutte de présure dans le lait et suivez la recette. La présure peut s'acheter auprès de certains fabricants de fromage.

Étape 4

Égouttez les morceaux, que l'on appelle maintenant le caillé, avec un chiffon propre ou une étamine. Pressez le caillé et raclez-le du tissu.

Étape 5

Ajoutez le sel et la ciboulette hachée. Mettez le fromage dans un bol, pour lui donner une forme.

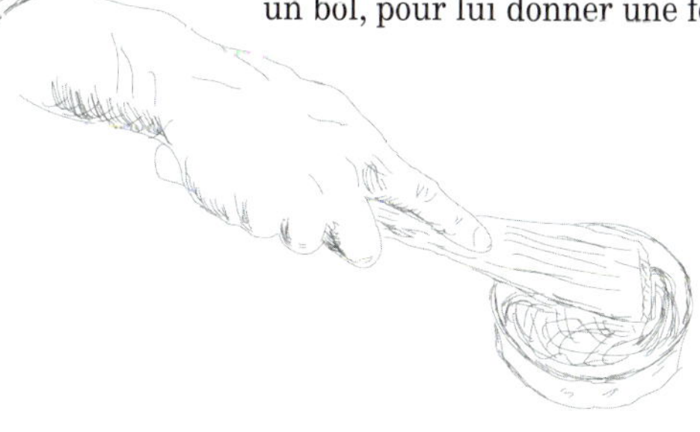

FAIRE DU BEURRE

LE BEURRE SE FABRIQUE PAR BARATTAGE À PARTIR DE CRÈME FRAÎCHE LIQUIDE. AU COURS DU BARATTAGE, LES MEMBRANES DES LIPIDES SONT BRISÉES, CE QUI SÉPARE LA PRÉPARATION EN DEUX PARTIES : LE BABEURRE, OU PETIT LAIT, ET LES GRANULÉS DE BEURRE. VOUS POUVEZ ACHETER UNE BARATTE SUR INTERNET POUR TROIS FOIS RIEN.

Étape 1

Remplissez la baratte de crème fraîche liquide. Certaines barattes se retournent automatiquement, d'autres doivent être actionnées à l'aide d'une manivelle.

Étape 2

Une fois le barattage terminé, vous pouvez égoutter le petit-lait (la partie liquide).

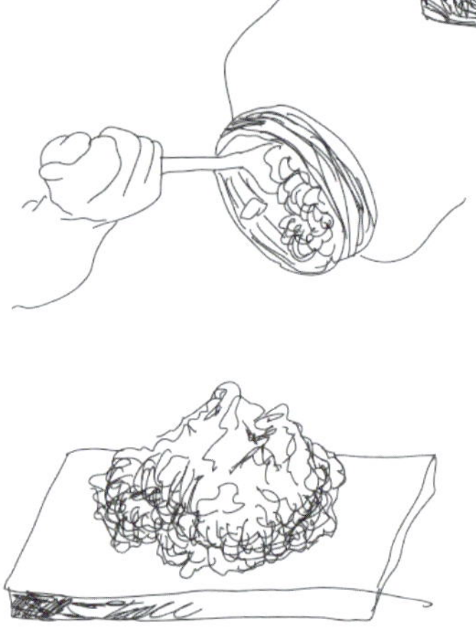

Étape 3

Il vous reste alors les granulés de beurre. Déposez-les sur une planche.

Étape 4

Lavez les granulés à grande eau (froide).

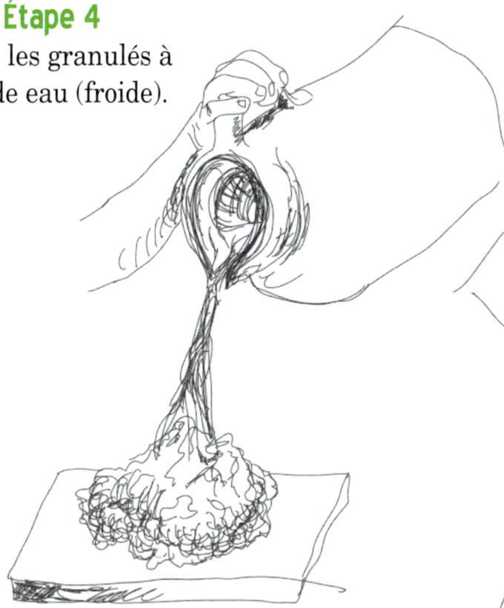

Étape 5

Malaxez soigneusement le beurre jusqu'à ce que tout le petit-lait soit évacué. Votre beurre ne sera vraiment bon qu'une fois que vous aurez éliminé tout le petit-lait.

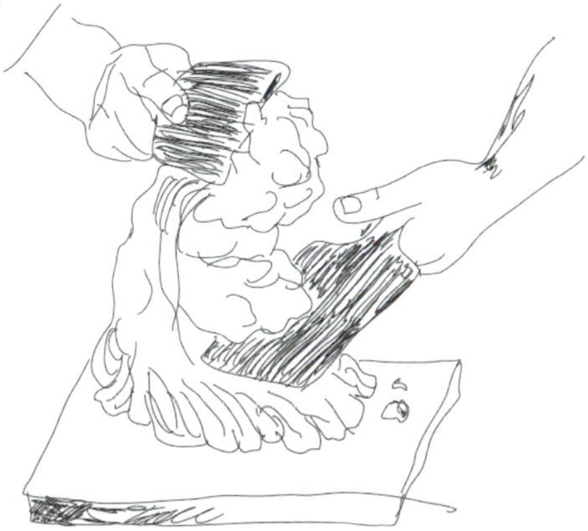

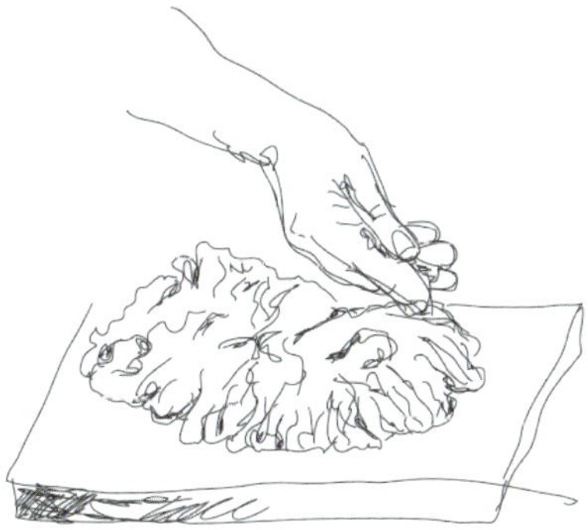

Étape 6

Ajoutez du sel si vous le souhaitez. Si vous voulez conserver le beurre plus longtemps, ajoutez plus de sel. Faites-le bien pénétrer.

Étape 7

Placez vos copeaux de beurre humides dans un moule à beurre. Il existe différentes sortes de moules, qui impriment le plus souvent un dessin sur le beurre : un chardon, une vache ou des épis de blé. Vous trouverez facilement des moules à beurre sur Internet, ou vous pouvez tenter votre chance dans une brocante. Une fois le beurre moulé, il est prêt à la consommation.

LE BON TRUC !

Vous pouvez aussi battre de la crème fouettée plus longtemps que d'ordinaire et vous obtiendrez du beurre.

FAIRE DU YAOURT

FAIRE DU YAOURT EST EXTRÊMEMENT SIMPLE. LA SEULE CHOSE QUI IMPORTE, C'EST QUE VOUS GARDIEZ TOUJOURS UN YAOURT CHEZ VOUS POUR SERVIR DE BASE AUX NOUVEAUX.

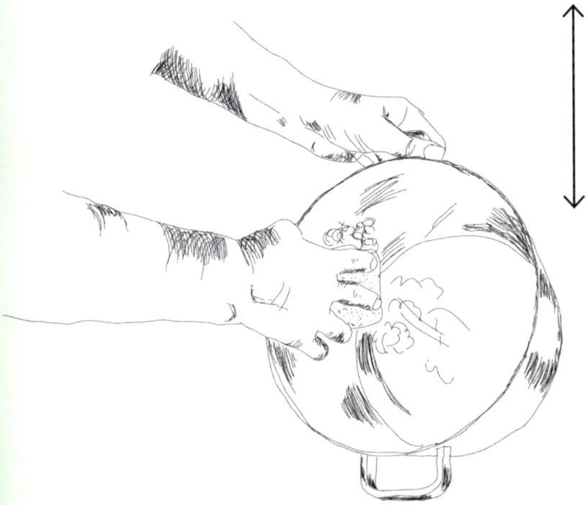

Étape 1
Nettoyez une grosse casserole avec un couvercle.

Étape 2
Faites chauffer un litre de lait (bio) jusqu'à atteindre une température de 40 °C.

Étape 3
Ajoutez soigneusement deux décilitres de yaourt (bio).

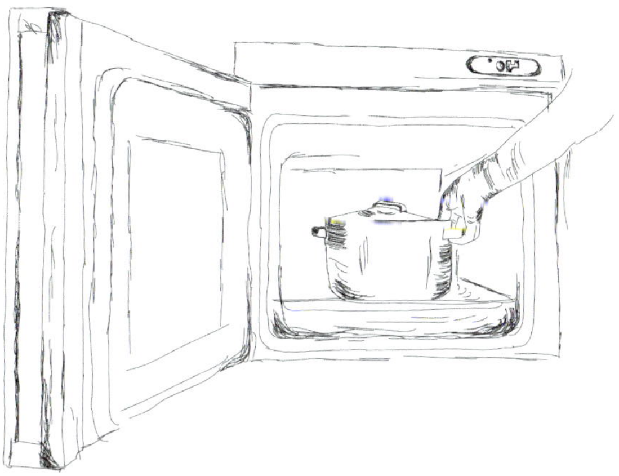

Étape 4

Couvrez la casserole et placez-la dans un four préchauffé à 40 °C. Laissez-la au four pendant cinq à six heures.

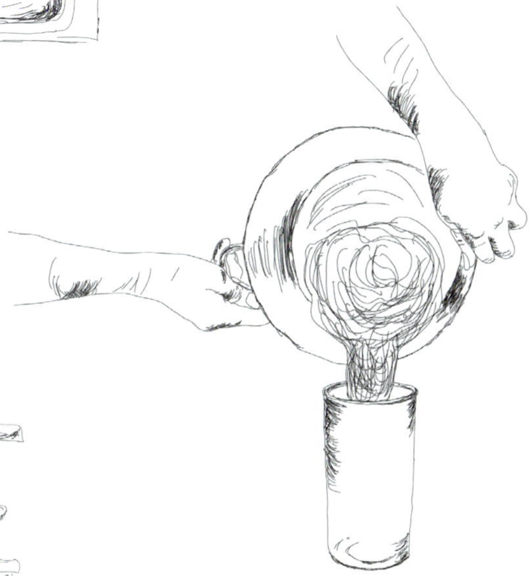

Étape 5

Versez le yaourt tiède dans un pot ou une bouteille et mettez-le au frigo pour qu'il refroidisse. Votre yaourt est prêt ! Avec cette méthode, vous pouvez faire du yaourt à volonté.

ABEILLES

Imaginez : du miel frais de votre jardin, ou même de votre toit. La vie d'apiculteur est plutôt confortable, car les abeilles font tout le travail. Ou du moins, c'est ce que l'on pense. Mais ce n'est pas tout à fait exact.

APICULTURE

Avant de démarrer votre propre colonie, il peut être judicieux de vous former auprès d'un apiculteur confirmé ou de suivre une formation. De nombreuses associations d'apiculteurs locales organisent des cours pour débutants, qui se tiennent entre les mois de janvier et de mars. Sur le site de la Fédération nationale des associations apicoles (http://www.adafrance.org/), vous trouverez toutes sortes d'informations sur les formations près de chez vous. Vérifiez également les règles de la municipalité où vous habitez, car avant de devenir apiculteur, vous devrez satisfaire à un certain nombre d'exigences.

NÉCESSAIRE

Pour élever des abeilles, vous aurez besoin de plusieurs choses. Vous pourrez en acheter certaines d'occasion, et vous faire aider par des apiculteurs chevronnés.

- Une cagoule d'apiculteur pour protéger votre visage et votre cou, avec un grillage pour voir au travers.
- Une ruche. Procurez-vous une vieille ruche auprès d'un apiculteur ou achetez-en une, sur un marché par exemple. La ruche peut comporter six à dix cadres amovibles, selon sa taille. Ces cadres doivent être remplis de rayons (également en vente dans les magasins d'apiculture ou auprès de votre association apicole locale).
- Un burin ou un tournevis pour détacher les cadres.
- Un enfumoir avec du tabac à pipe spécial et un pulvérisateur avec de l'eau pour garder les abeilles dans leur ruche. Lorsque vous ouvrez la ruche, les abeilles s'envolent en panique. Grâce à la fumée, elles seront pleines de miel et incapables de piquer.

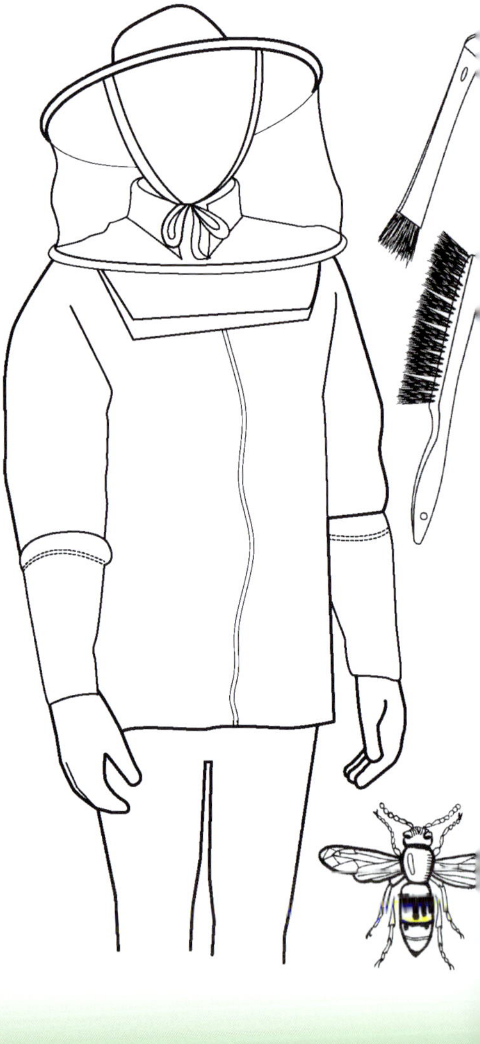

Mais bien sûr, l'équipement ne suffit pas. Vous devez également avoir votre propre colonie. Généralement, à la fin d'une formation de base, vous repartirez chez vous avec une colonie d'abeilles. Il existe également des marchés apicoles spéciaux ou vous pouvez acheter une colonie, et vous pouvez toujours demander de l'aide à un apiculteur confirmé.

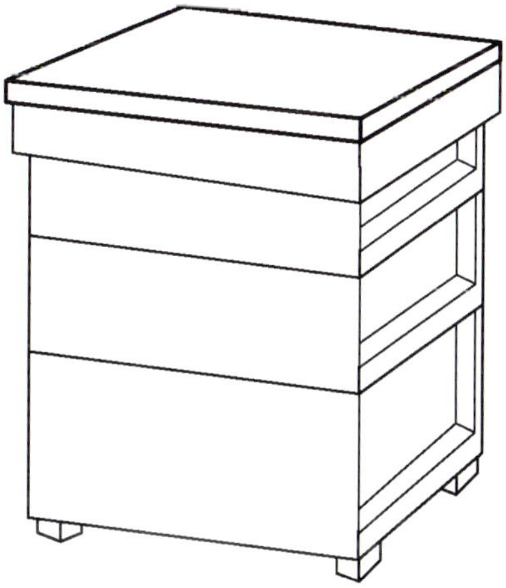

ALIMENTATION

Maintenant que vous avez l'équipement et la colonie, la fête peut commencer. Vous devez vous assurer que vos abeilles peuvent trouver de quoi se nourrir dans le voisinage. Il doit donc s'y trouver suffisamment de plantes qui fleurissent. Elles ne doivent pas nécessairement se trouver à proximité : les abeilles peuvent voler jusqu'à trois kilomètres pour trouver leur nectar. Les abeilles communiquent en « dansant » pour indiquer où se trouve la nourriture. Elles se nourrissent de nectar et de pollen. Le nectar contient du sucre et le pollen contient des protéines importantes, des composants essentiels pour les larves et la reine. Assurez-vous que vos voisins ne sont pas dérangés par vos abeilles. Un toit est le lieu idéal pour une colonie d'abeilles. Lorsqu'elles sortent de leur ruche, les abeilles s'envolent à deux mètres de haut. Une fois qu'elles ont trouvé de la nourriture et qu'elles reviennent à la ruche, elles risquent d'entrer en collision avec quelqu'un et de le piquer. Il est donc préférable que la ruche soit surélevée, de sorte que les abeilles ne rencontrent aucun obstacle. Si votre toit ne convient pas, un coin isolé avec une grande haie peut faire l'affaire.

REINE

Le travail de l'abeille commence au printemps, lorsque la température extérieure atteint les 10 °C. À ce moment, les abeilles commencent à sortir de leur ruche pour chercher de quoi se nourrir. À l'intérieur de la ruche, les ouvrières travaillent à nettoyer les rayons. Le nectar et le pollen commencent alors à être entreposés et la reine peut déposer ses œufs dans les rayons propres. Une reine nouvelle née sort plusieurs fois de la ruche pour être fertilisée par les abeilles mâles. C'est ce que l'on appelle le vol nuptial. La reine se laisse fertiliser plusieurs fois et peut ensuite pondre des œufs pendant plusieurs années.

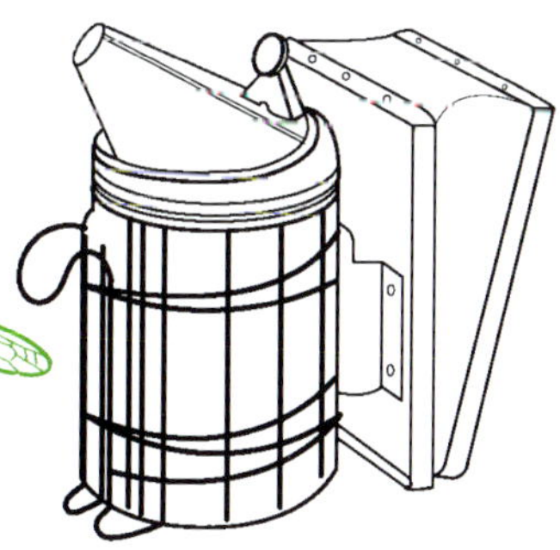

ESSAIMAGE

À mesure que le printemps avance et que les plantes fleurissent, de plus en plus d'abeilles partent à la recherche de nourriture. La reine pond alors environ 2 000 œufs par jour. Lorsque l'été arrive, la colonie compte 30 000 à 40 000 abeilles. Lorsque la colonie s'est développée, la reine part avec une nuée d'abeilles pour coloniser un nouvel endroit. Dans l'ancienne ruche, une nouvelle reine tient les rênes. Si cette nuée se déplace en plein centre-ville, cela peut s'avérer gênant. Il appartient à l'apiculteur de s'assurer que les résidents locaux n'en souffrent pas. Dans tous les cas, un petit apiculteur ne voudra pas que sa colonie essaime, car la reine emporte au moins la moitié des abeilles avec elle, et si vous avez une petite colonie, vous n'obtiendrez pas de miel. Demandez conseil à d'autres apiculteurs pour éviter que votre reine n'essaime. Au mois de septembre, les ouvrières évacuent ou tuent les mâles (les faux-bourdons) en cessant de les nourrir. La tâche des mâles (fertiliser la reine) est terminée, et ils sont alors inutiles pour la colonie.

HIVER

Lorsque l'été touche à sa fin, les abeilles doivent emmagasiner des provisions pour passer l'hiver. Les réserves de pollen et de miel sont couvertes. Certains apiculteurs récoltent le miel des rayons et nourrissent les abeilles d'eau sucrée pour qu'elles puissent survivre à l'hiver. D'autres apiculteurs laissent leurs abeilles survivre sur leur stock de miel. L'apiculteur doit éviter que ses abeilles ne tombent malades. Le Varroa destructor, un parasite d'Asie, est particulièrement dangereux. Sans danger pour les abeilles asiatiques, il est fatal pour les abeilles européennes. Le mieux que vous puissiez faire est de demander conseil à un apiculteur expérimenté. À partir du mois de septembre, vous devez laisser les abeilles tranquilles. Si elles survivent à l'hiver, elles ressortiront de leur ruche au mois de mars ou d'avril.

MIEL

Le miel est la réserve de nourriture des abeilles. Un apiculteur ne récoltera le miel que lorsque sa colonie sera devenue suffisamment forte et nombreuse. Dans une grande colonie, le miel peut être récolté à partir de la fin mai. Le premier miel du printemps est léger et d'un arôme délicieux, le miel d'été provient des fleurs et le miel de la fin de l'été, principalement de la bruyère.

COMMENT ÇA MARCHE ?

Récupérez les rayons scellés de la ruche et procurez-vous un extracteur de miel (une sorte de centrifugeuse) pour en extraire le miel. Laissez le miel décanter plusieurs jours dans un seau afin que les impuretés remontent à la surface. Les impuretés forment une couche qui peut facilement être raclée. Après cette clarification du miel, mélangez le miel régulièrement pendant une journée. Au bout d'une petite semaine, vous pourrez consommer le miel de votre jardin ou le mettre en conserve. Pour produire un kilo de miel, les abeilles doivent collecter plus de quatre kilos de nectar. Cela représente environ 100 000 allers-retours, et un demi-million de fleurs butinées.

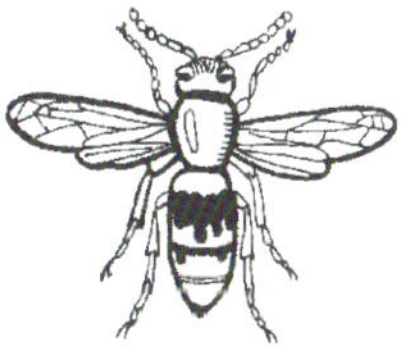

MIEL FAIT MAISON

1. Tout d'abord, vous devez évacuer les abeilles de la ruche.

2. Retirez la cire des rayons à l'aide d'un couteau chauffé.

3. Pour récolter le miel des rayons, vous devez l'extraire. Le meilleur miel est coulé à froid. Faites couler votre miel dans une pièce propre avec une température ambiante comprise entre 20 et 25 °C. Vous trouverez facilement un extracteur de miel sur Internet.

4. Tamisez le miel, d'abord à travers un tamis grossier pour enlever les plus gros morceaux, puis à travers un tamis plus fin.

5. Mélangez le miel deux ou trois fois par jour.

6. Conservez le miel pendant deux jours dans de grands seaux hermétiquement fermés. Vous pouvez ensuite prélever les impuretés très délicatement en utilisant par exemple une écumoire ou une grosse cuillère. Pour la plupart des gens, cela se fera dans la cuisine.

7. Après trois à sept jours, le miel est prêt à être transvasé dans des pots propres.

Une fois que vous avez extrait le miel des rayons, vous pouvez récupérer la cire. La cire d'abeille est produite par les glandes cirières des abeilles ouvrières. Vous pouvez dissoudre la cire dans un bain d'eau chaude entre 60 et 65 °C et l'utiliser pour toutes sortes de choses : cirer un parquet, l'ajouter à une crème pour la peau (la cire d'abeille est excellente pour la peau), ou faire des bougies.

L'ARTISANAT

L'ARTISANAT

Sur Internet, vous trouverez énormément d'informations sur toutes sortes de techniques d'artisanat anciennes. Vous voulez produire votre propre tissu ? Pas de problème : rendez-vous sur YouTube et vous y trouverez un tutoriel parfaitement clair. Vous cherchez une presse à fromage ? Une rapide recherche sur Google et vous trouverez votre bonheur. Avec un ordinateur et une connexion à Internet, vous pouvez apprendre pratiquement n'importe quelle technique. Pour vous donner de l'inspiration, nous avons compilé plusieurs techniques amusantes. Mais n'hésitez pas à faire vos propres recherches. Regardez autour de vous : presque tout ce que vous voyez, vous pouvez le faire vous-même.

ARTISANAT 2.0

Il y a quelque chose d'un peu condescendant à vouloir s'improviser artisan à domicile. Les corbeilles tressées, les nappes brodées et autres sabots peints à la main confinent au ridicule. Mais rien de tout cela n'est né d'un désir d'être à la mode. Auparavant, les gens fabriquaient plein de choses eux-mêmes parce qu'ils n'avaient tout simplement pas les moyens de les acheter. Mais cet état de fait est en train de changer progressivement. De plus en plus de gens ressentent le besoin de fabriquer des choses eux-mêmes. Pas simplement de la confiture et de la moutarde, mais aussi des objets pour la maison. Le développement durable, le recyclage et le vintage ne sont plus des mots creux. De jeunes consommateurs avertis veulent contrebalancer la culture moderne du tout jetable. On remplace moins vite quelque chose qu'on a créé au prix de son sang, de sa sueur et de ses larmes.

Alors on fait revivre des traditions anciennes, et de jeunes créatifs redonnent un élan à de vieilles techniques. Un tabouret tressé avec des chutes de tissu, des tongs faites à partir de bouteilles en plastique recyclées... Internet est très utile pour cela. Que vous fassiez du fromage, des chapeaux tressés ou de la peinture, tous les petits trucs – que le maître transmettait autrefois à ses disciples – sont faciles à trouver. Par exemple, où trouver les meilleurs outils et comment appliquer au mieux certaines techniques. Recherchez n'importe quelle vieille technique sur YouTube et vous trouverez quelque chose à ce sujet. Le plus dur est encore de s'arrêter sur une technique particulière (ce qui n'est absolument pas obligatoire).

MÉTIER À TISSER

Le tissage consiste à entrelacer deux ensembles de fils dans un ordre particulier. Il se pratique généralement sur un métier à tisser. Vous pouvez fabriquer votre métier à tisser vous-même. Vous aurez également besoin d'une navette, que vous fabriquerez vous-même.

NÉCESSAIRES :
- *tasseaux de bois*
- *clous*
- *colle à bois*
- *marteau*
- *scie*
- *ligne pour cerf-volant*

Étape 1

Pour les deux barres du dessus, sciez deux tasseaux de 20 cm.

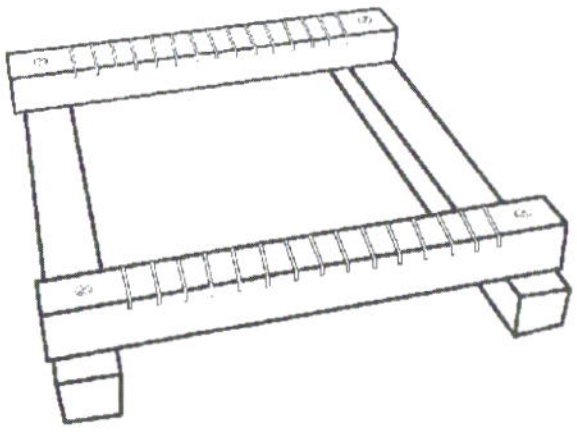

Étape 2

Sur chaque tasseau, tracez 15 marques à raison d'une par centimètre. Attention, les marques doivent être égales sur les deux lattes. Coupez des entailles dans les tasseaux, d'environ un centimètre de profondeur.

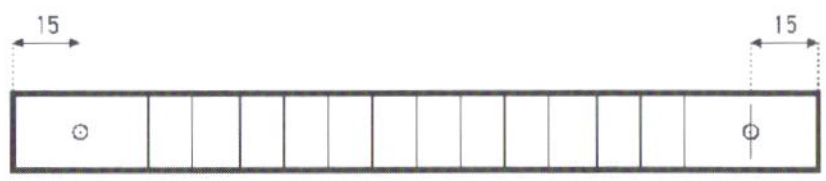

Étape 3

Ensuite, percez et taraudez des trous de vis aux extrémités des tasseaux. Pour les traverses de support, sciez des tasseaux de 23 cm de long. Collez et vissez les tasseaux du dessus sur les traverses en faisant coïncider les orifices.

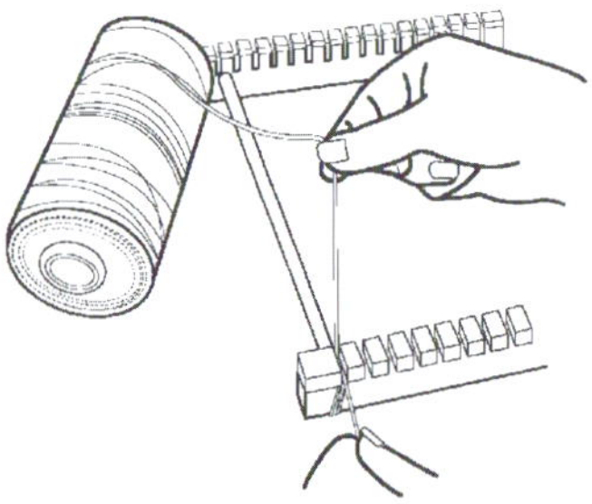

Étape 4

Vous devez maintenant tendre la chaîne (les fils verticaux). Enroulez le début du fil (ligne de cerf-volant ou fil de nylon, par exemple) en bas à gauche du métier de sorte que l'extrémité soit bien fixée. Ensuite, tendez le fil et transportez-le de l'autre côté du cadre, à travers les encoches. Veillez à ce que le fil ne soit pas trop lâche. Pour vous aider à garder une tension constante, vous pouvez scotcher le fil au cadre.

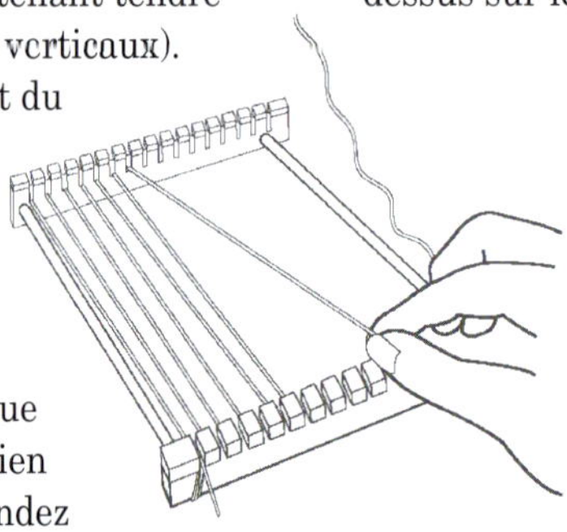

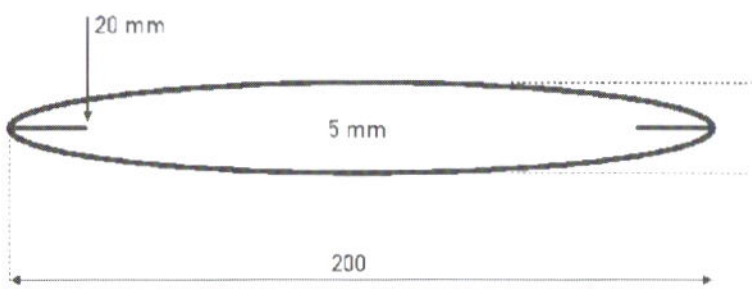

Étape 5

Fabriquez votre navette, qui servira à faire passer le fil de trame pour réaliser le tissage. Prenez une fine baguette de 20 cm × 2 cm. Donnez-lui une forme ovale. À l'aide d'une scie, découpez une encoche de 2 cm de chaque côté. Vous pouvez maintenant y enrouler le fil.

ATELIER TISSAGE

Vous voilà prêt à tisser sur votre métier artisanal. C'est en tissant qu'on devient tisserand...

NÉCESSAIRE :

- *deux bâtonnets de sucette*
- *fil (de couleur)*
- *métier à tisser*
- *navette (vous pouvez également utiliser une aiguille épaisse)*
- *gros peigne*

Étape 1

Enroulez le fil de couleur sur la navette en bois,

Étape 2

Fixez le fil de trame au fil de chaîne que vous avez tendu en bas à gauche.

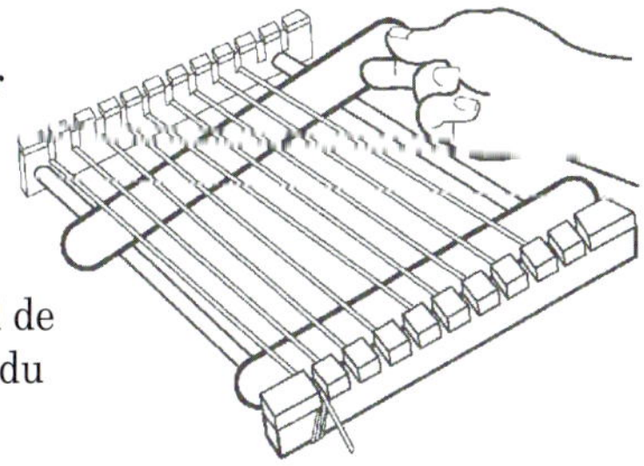

Étape 3

Insérez un bâtonnet de sucette au-dessus et en dessous des fils de chaîne pour faciliter le passage de la navette dans la « foule » ainsi formée. Faites passer la navette alternativement au-dessus et en dessous du fil de chaîne. Pour la trame suivante, procédez dans le sens inverse. Voici à quoi cela ressemble sur un schéma :

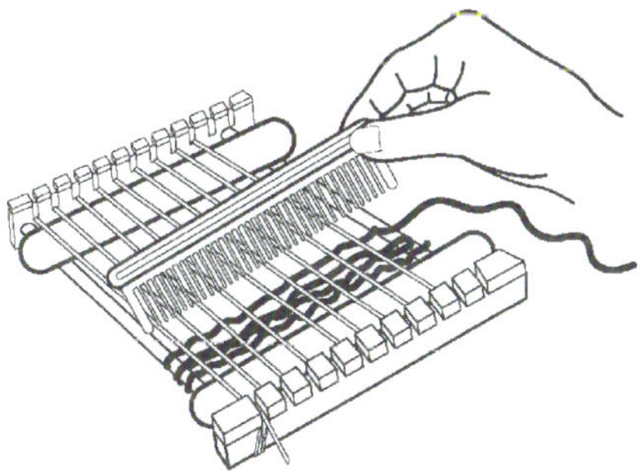

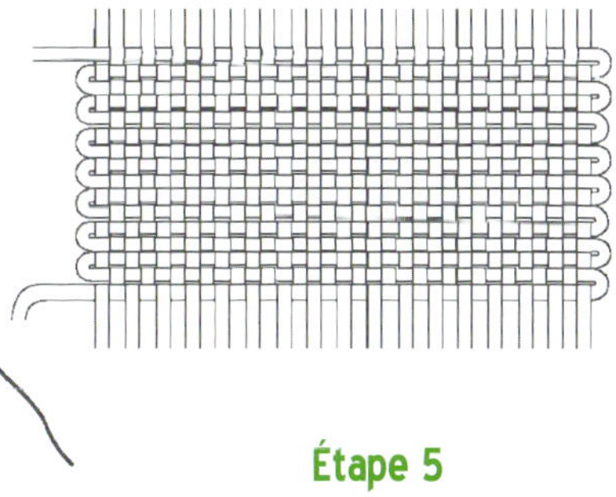

Étape 4

À l'aide d'un peigne à grosses dents, tassez les fils de trame colorés les uns contre les autres. Si vous souhaitez utiliser un autre fil (de couleur différente), attachez-le d'abord au fil de chaîne de gauche ou de droite.

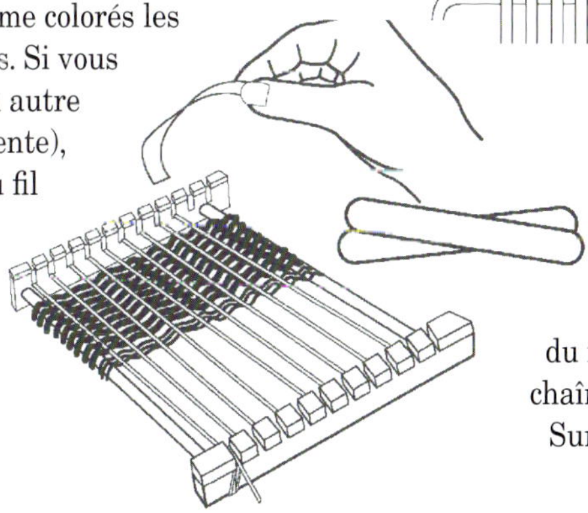

Étape 5

Une fois les fils remplis, retirez les bâtonnets et le scotch et retirez délicatement le tissu du métier. Coupez les fils de chaîne et nouez-les par paires. Surfilez les fils de trame.

PRESSER DE L'HUILE DE NOIX

Si vous avez des fruits à coques dans votre jardin, alors il y a un produit délicieux que vous pouvez fabriquer vous-même : de l'huile ! Vous pouvez par exemple presser de l'huile de graines de tournesol ou de faînes. Ou que pensez-vous de l'huile de noix ? Succulente, et très bonne pour la santé ! Vous aurez besoin d'une presse à huile, de noix décortiquées et d'une table solide.

NÉCESSAIRE :

- *Graines oléagineuses ou noix*
- *Presse à huile*
- *Entonnoir*
- *Récipient*
- *Bouteilles*

Étape 1

Ramassez autant de belles noix que possible. Cassez-les ; la partie du milieu peut rester. Faites-les sécher sur le rebord d'une fenêtre. Pas trop près du chauffage ou d'une cheminée, elles risqueraient d'être trop sèches.

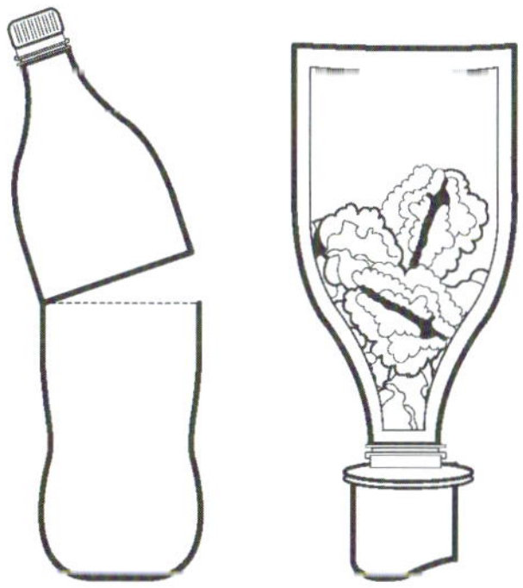

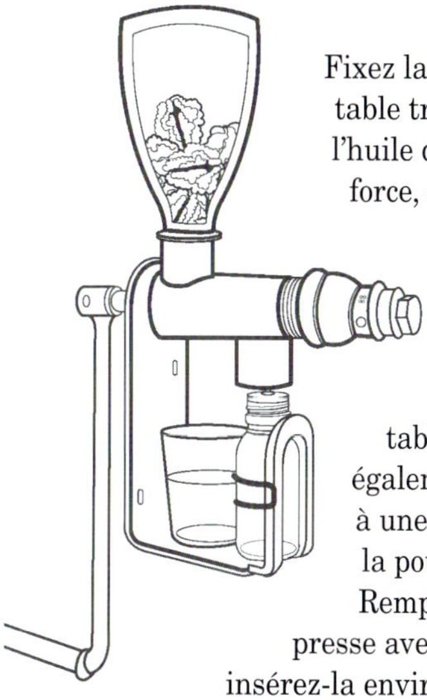

Étape 2

Fixez la presse à huile à une table très solide. Presser de l'huile demande beaucoup de force, alors si vous n'êtes pas prudent, vous risquez de casser la table. Certaines personnes fixent la presse à la table, puis ancrent la table au sol. Vous pouvez également attacher la presse à une poutre solide et serrer la poutre à l'aide d'un étau. Remplissez l'ampoule de la presse avec de l'huile à lampe, et insérez-la environ dix minutes avant d'utiliser la presse. Si la presse ne dépasse pas les 40 °C, c'est ce que l'on appelle une pression à froid.

Étape 3

Placez un entonnoir dans la presse (en découpant la moitié supérieure d'une bouteille en plastique, par exemple) et versez-y les noix. Agrippez la manivelle et commencez à la tourner. Vous devriez sentir quelle est la force nécessaire pour extraire l'huile des noix. Vous pouvez ajuster le bouton de réglage pour vous faciliter la tâche. Les noix ou les graines sont transportées vers l'extrémité du tube de pressage par la rotation de la manivelle. Elles passent dans une sorte de vis et sont finement moulues. L'huile commencera à couler, alors n'oubliez pas de placer un pot ou une bouteille sous le robinet. Les résidus sont entraînés vers un réducteur, dans lequel vous pouvez les repêcher. Retirez-les immédiatement, car une fois qu'ils ont refroidi, ils sont plus difficiles à récupérer.

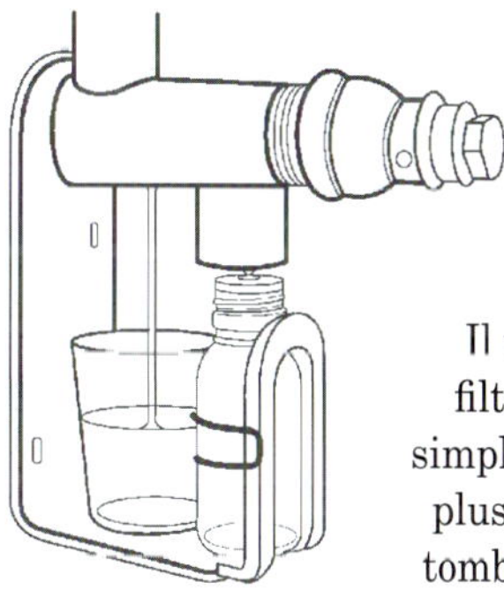

Étape 4

Il n'est pas nécessaire de filtrer l'huile. Vous pouvez simplement la laisser décanter plusieurs heures et le résidu tombera au fond du récipient. L'huile ainsi pressée ne se conserve pas très longtemps. Si la bouteille est hermétiquement fermée et conservée dans un lieu frais et sombre (remplissez-la à ras bord pour qu'elle contienne un minimum d'oxygène), l'huile se conserve un mois. Goûtez-la toujours avant de l'utiliser pour vous assurer qu'elle est encore consommable.

FAIRE DES BOUGIES

Il n'y a rien de plus simple que de faire ses propres bougies. Surtout en réutilisant de vieux morceaux de bougie. Vous pouvez également fabriquer des bougies à la cire d'abeille.

NÉCESSAIRE :

- *restes de vieilles bougies (les morceaux qui restent dans le bougeoir)*
- *mèches (dans les magasins d'art)*
- *vieux journal*
- *deux casseroles*
- *vieilles tasses*
- *verres*
- *un tube de Pringles ou un moule à bougies professionnel*

Étape 1

Étalez du papier journal sur votre surface de travail et placez vos moules à portée de main. Vous pouvez par exemple utiliser de vieux verres, des tasses ou des boîtes en carton. Assurez-vous que les moules ont un fond.

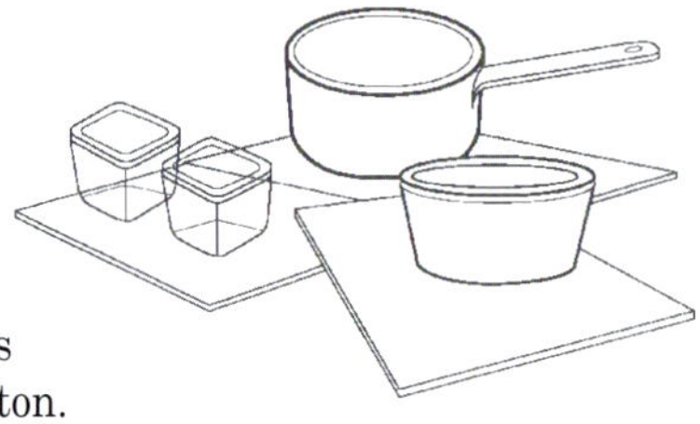

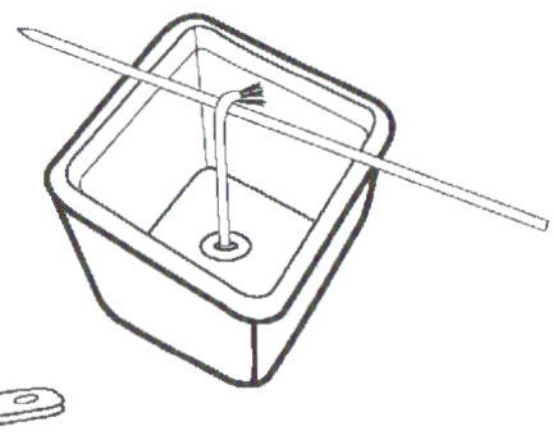

Étape 2

Placez une mèche dans le moule ou le verre en la scotchant au fond. Faites en sorte que la mèche reste bien droite. Pour cela, vous pouvez accrocher l'extrémité de la mèche à une brochette, par exemple. La brochette peut reposer sur les parois du moule.

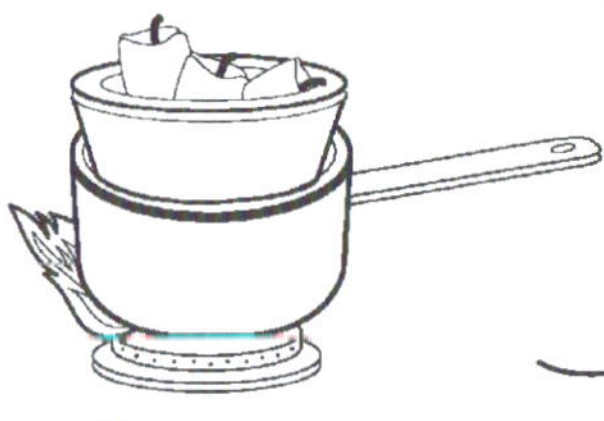

Étape 3

Faites chauffer une casserole d'eau et placez l'autre casserole dedans avec les morceaux de bougie. Faites fondre la cire au bain-marie. Pas au micro-ondes !

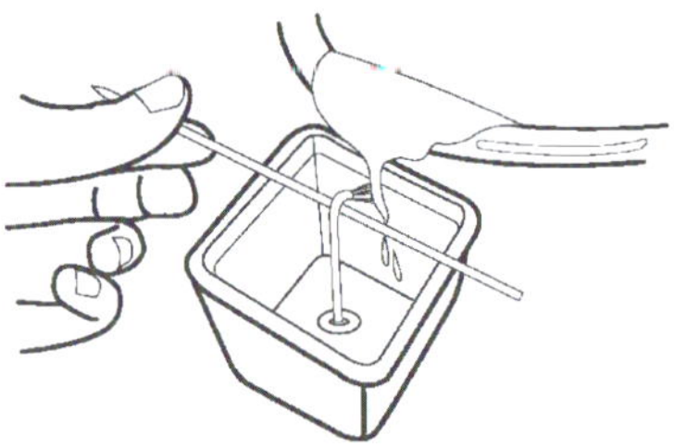

Étape 4

Une fois la cire fondue, versez-la lentement dans le moule. Veillez à ce que la mèche ressorte de la cire. Laissez la bougie se solidifier. Si une bulle d'air venait à se former dans la cire, percez-la et moulez la bougie à nouveau si nécessaire.

Étape 5

Coupez la mèche de la bougie pour qu'elle mesure environ un centimètre.

LE BON TRUC !

Faites attention aux enfants, ne les laissez jamais faire des bougies sans surveillance. La cire liquide peut atteindre les 80 °C. Chaudement dangereux !

FAIRE DU FEUTRE

Vous pouvez fabriquer un morceau de feutre à partir de laine de mouton. Les fibres de laine sont agglomérées par pression et ébouillantage. Les minuscules écailles qui recouvrent les fibres s'entremêlent pour former un morceau de feutre solide.

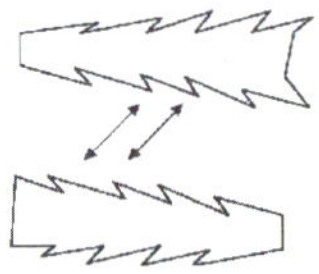

NÉCESSAIRE :

- *une bouteille vide d'un demi-litre*
- *un morceau de feutre aiguilleté de 30 × 40 cm (disponible dans les magasins d'art)*
- *laine en vrac*
- *eau et savon à l'huile d'olive*
- *papier bulle (deux fois la taille de votre morceau de feutre)*

Étape 1

Percez le bouchon d'une bouteille d'eau à l'eau d'un marteau et d'un clou. Remplissez la bouteille d'eau. Râpez le savon. Posez le papier bulle sur la table.

Étape 2

Posez le morceau de feutre sur le papier bulle devant vous. Empilez les morceaux de laine sur le feutre. Créez une belle répartition des couleurs. Disposez les morceaux horizontalement. Vous êtes libre de créer toutes sortes de formes et de motifs.

Étape 3

Votre patron est prêt ? Préparez alors le savon. Mettez environ 10 grammes de savon dans une bouteille d'un demi-litre. Remuez jusqu'à ce que le salon se dissolve. Après environ cinq minutes, le mélange est prêt à l'emploi.

Étape 4

Mouillez le morceau de feutre avec la bouteille, aussi uniformément que possible. Le feutre doit être bien humide. Utilisez un tiers de la bouteille pour un morceau de 30 × 40 cm.

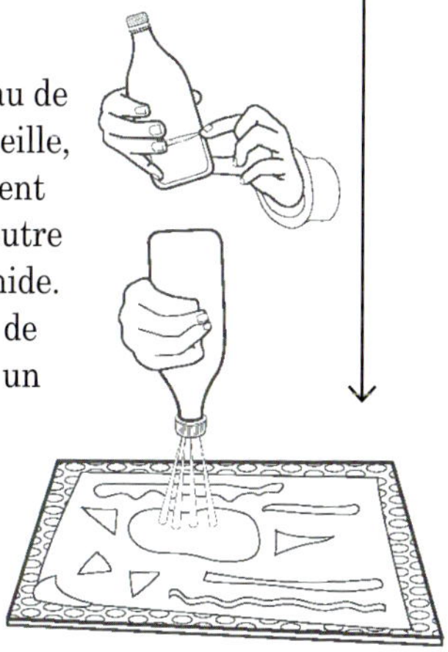

Étape 5

Repliez le papier bulle sur le morceau de feutre. Humidifiez légèrement le dessus du papier bulle. Ensuite, frottez le papier bulle en veillant à bien appuyer partout.

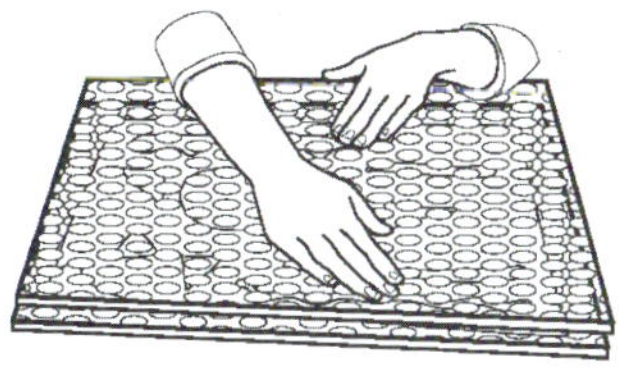

Étape 6

Repliez une nouvelle fois le papier bulle et enroulez le paquet entier de sorte qu'il soit le plus serré possible. Enveloppez-le dans une serviette. Continuez à rouler et à pétrir, un peu comme une pâte à pain. Utilisez le poids de votre corps et appuyez de toutes vos forces. Après environ dix minutes de pétrissage, vous pouvez ouvrir le papier bulle. Votre morceau de feutre a un peu rétréci. Étirez-le un peu, tournez-le d'un quart de tour et enroulez-le à nouveau. Répétez cette opération dix fois. Le processus est terminé lorsque le morceau de feutre est solide. Une pièce de 40 × 30 cm devrait mesurer 30 × 20 cm au final.

Étape 7

Lorsque le morceau mesure presque 30 × 20 cm, roulez-le en boule et jetez-le contre le papier bulle. Répétez cette étape environ 30 fois et mesurez le morceau. Mesure-t-il 30 × 20 cm à présent ? Alors, vous avez fini. Autrement, persévérez.

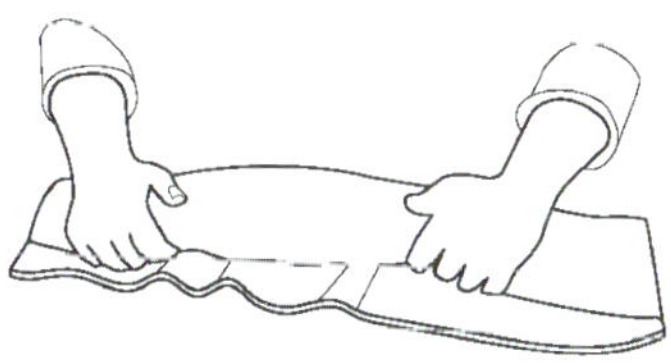

Étape 8

Votre morceau de feutre est prêt ! Il vous suffit à présent de le rincer et de le laisser sécher.

Éditions Eyrolles
61, bd Saint-Germain
75240 Paris Cedex 05
www.editions-eyrolles.com

Concept : Éditions Snor
Texte : Annemarieke Piers et Claudette Halkes
Illustrations : Studio Boot
Traduction et adaptation : Charles Robert

Édition originale : *Uitgeverij Snor*, Utrecht (Pays-Bas), avril 2016
ISBN : 978-94-631-40119

Les droits de ce livre ont été négociés par l'agence littéraire Sea of Stories,
www.seaofstories.com
(sidonie@seaofstories.com)

Imprimé en Pologne par Interak
Dépôt légal : avril 2017

Cet ouvrage est imprimé sur du papier couché demi-mat 150 g,
papier issu de forêts gérées durablement.